Wolf Graf von Baudissin

Der Widerstand

„… um nie wieder in die ausweglose
Lage zu geraten…"

Ansprachen – Reden – An- und Bemerkungen
aus Anlass des 20. Juli 1944

Herausgegeben und eingeleitet von
Claus von Rosen

Wolf Graf von Baudissin

Der Widerstand

„… um nie wieder in die ausweglose Lage zu geraten…"

Ansprachen – Reden – An- und Bemerkungen aus Anlass des 20. Juli 1944

Herausgegeben und eingeleitet von
Claus von Rosen

2014

Carola Hartmann Miles-Verlag Berlin

CIP-Kurztitelaufnahme der Deutschen Nationalbibliothek:

Claus von Rosen, Der Widerstand. „… um nie wieder in die ausweglose Lage zu geraten…". Ansprachen – Reden – An- und Bemerkungen aus Anlass des 20. Juli 1944, Berlin 2014

ISBN 978-3-937885-89-6

Titelbild / Bildnachweis: Gedenkstätte Deutscher Widerstand, Berlin

Herstellung und Verlag: Books on Demand GmbH, Norderstedt

© Carola Hartmann Miles-Verlag
(www.miles-verlag.jimdo.com; email: miles-verlag@t-online.de)

Alle Rechte, insbesondere das Recht der Vervielfältigung und Verbreitung sowie der Übersetzung, vorbehalten. Kein Teil des Werkes darf in irgendeiner Form (durch Fotokopie, Mikrofilm oder ein anderes Verfahren) ohne schriftliche Genehmigung des Verlages reproduziert oder unter Verwendung elektronischer Systeme gespeichert, verarbeitet, vervielfältigt oder verbreitet werden.

Printed in Germany

ISBN 978-3-937885-89-6

Inhalt

Seite

Einleitung: Der Widerstand und der 20. Juli 1944 in Baudissins Lebenswerk, von Claus von Rosen — 7

Quellen: (Die Orthographie folgt den Quellen.)

52,10 Gesichtspunkte zur Frage des Rechtes auf Kriegsdienstverweigerung. Referat auf der Tagung der Evangelischen Akademie Hessen-Nassau „Gewalt und Gewaltlosigkeit", am 5.-7. Dezember 1952 (Auszug) — 56

53,26 Antwort auf eine Zuschrift des Herrn Günter Varges, Berlin, v. 18.12.1953 an die Wochenzeitung Deutsche Kommentare: Die Rechte des Soldaten — 57

56,11 Gedanken am 20. Juli / Gedanken zum Widerstand — 58

59,5 Zusatz des Brigadekommandeurs zum Aufruf des Generalinspekteurs der Bundeswehr zum 20. Juli [1959] — 62

59,6 Ansprache zum 20. Juli 1959 — 64

60,7 Zum 20. Juli 1960. Ansprache zur Feierstunde der Stadt Göttingen — 71

61,7 Aufstand gegen Gewaltsystem — 81

62,3 Gedenkrede zum 20. Juli 1944 vor den Offizieren und Unteroffizieren von AFCENT und LANDCENT — 84

64,7 Vorwort, zu: Heinrich Fraenkel und Roger Manvell: Der 20. Juli. Berlin, Frankfurt, Wien 1964 — 90

64,11 Zum 20. Juli [1944] / Soldaten dienen ohne Prestige — 96

67,6 Nationalbewusstsein in der Welt von heute — 105

69,28 Befehlen und Gehorchen – Zum 20. Juli 1969 — 124

74,21 Über den Eid – Zum 20. Juli 1974 — 130

78,2 Widerstand aus Gehorsam. Die Wandlung des Generals   142
Ludwig Beck

1983 Bemerkungen zum Aufruf der Heilbronner Bewegung   148
vom Dezember 1983/1984

1984 Ohne Widerstand wäre der Neubeginn unmöglich ge-   159
wesen / Zum Widerstande im Nationalsozialismus

Quellen- und Literaturverzeichnis   171

Claus von Rosen
Der Widerstand gegen den Nationalsozialismus in Baudissins Lebenswerk

> „Mit der Gesetzgebung unserer Bundesrepublik sind die Grundlagen der deutschen Tradition wieder freigelegt, nachdem das Dritte Reich die Kontinuität unserer bisherigen Geschichte unterbrochen und die Fundamente der abendländischen Tradition beiseite geschoben hatte."
> Baudissin 1956
> Handbuch Innere Führung 1957

1. Baudissins Neu-Besinnung

Wolf Graf von Baudissin, der spätere Vater der Inneren Führung der Bundeswehr, war bereits im April 1941 in Afrika in Kriegsgefangenschaft geraten und wurde noch im September nach Australien verlegt. Dadurch war er weitestgehend von Nachrichten aus der Heimat abgeschnitten. Selbst die sogenannten „23-Zeilen-Briefe"[1] hatten nicht nur das Handicap, dass sie z.T. fünf Monate unterwegs waren, sondern auch dass sie beim Sender wie beim Empfänger unter die Zensur fielen, ausgeschnitten wurden oder gar nicht den Empfänger erreichten.

Dennoch hatte Baudissin in der Gefangenschaft durch die britischen Medien früh vom Attentat auf Hitler am 20. Juli 1944 erfahren. So schrieb er bereits am 13.08.1944 an seinen Vater: „Die letzten Wochen haben mich ungeheuer bewegt, wie Du Dir denken kannst. Es hängen allzuviel persönliche Bindungen mit den Ereig-

---
[1] S. Baudissin 1994 und ders. 2001.

nissen zusammen."² Und in einem weiteren Brief vom 26.11.1944 deutet er Konsequenzen im Sinne einer persönlichen Verpflichtung gegenüber dem Vermächtnis des Widerstandes an: „Auch ich habe ja eine erschreckend hohe Zahl von Freunden und Vettern, die ich nicht mehr wiedersehen werde³, aber das ist nun wohl unser Vorrecht in derartigen Momenten unseres Volkslebens. Von welchem Einfluß das Fehlen – und doch Gegenwärtig-Sein – all dieser für die Zukunft allgemein und für einen selber sein wird, kann ich mir nicht recht vorstellen. Mir scheint nur absolut sicher ihr Weiterwirken im übertragenen Sinn, das heißt über uns Weiterlebende."⁴ Und am Tag der Kapitulation schrieb er: „Heute habe ich meiner Arbeitsgemeinschaft einige eigne Gedanken zu den letzten Ereignissen vorgetragen, was nicht ganz einfach. Bin aber froh, eben in einer hier zitierten Rede von Schwerin-Krosigk sehr ähnliche Gedanken zu finden."⁵

Im Frühjahr 1946 konnte er sich offener über die ihn bedrückenden Vorgänge aussprechen: „Beim ersten Hören der Vorgänge war es mir klar, was dahinter stand, und daß ich um viele Freunde mich sorgen müßte. Habe mit aller Klarheit gesehen, welch zwingende Notwendigkeit es sein mußte, die diesen letzten Schritt tun hieß, – der trotz konträren äußeren Eindrucks im bewußten Opfer von allem wahrscheinlich die letzte wirklich preußische Tat. Da mir dieser ungeheure Konflikt erspart geblieben und ich vor keine Entscheidung gestellt, habe ich hier stets die Mitte gehalten zwischen Loyalität zur Obrigkeit und voller Anerkennung der Ehrenhaftigkeit

---

² Baudissin 2001, S. 30 f. – Dass Baudissin schon in den 30er Jahren im deutlich formuliertem Widerspruch zum nationalsozialistischen System sich befand, geht aus der Erklärung von Dr. Wolfgang Dix vom 15.3.47 hervor. S Baudissin 2001, S 242 ff.
³ Allein aus dem Kameradenkreis seines Stammregiments IR 9 – Potsdam gehörten 20 dem engeren Kreis des Widerstandes an, 13 von ihnen sind im Rahmen der Verfolgung nach dem 20. Juli 1944 gestorben; in der Regimentsgeschichte werden jedoch nur 10 davon erwähnt s. Paul a.a.O. S. 544ff.
⁴ ebenda.
⁵ Baudissin, 23 Zeilen Briefe, v. 9.5.1945 – dort schreibt Baudissin:– Dass Baudissin schon in den 30er Jahren im deutlich formuliertem Widerspruch zum nationalsozialistischen System sich befand, geht aus der Erklärung von Dr. Wolfgang Dix vom 15.3.47 hervor. S Baudissin 2001, S. 242 ff.

der Gegenmotive – womit ich mich sicher nicht beliebter gemacht. Gerade heute, Reminiscere[6], denke ich an die dabei Gebliebenen mit gleichem Gefühl wie an die Unzahl der anderen Gefallenen. Meine Einstellung zu den Überlebenden ist dieselbe geblieben! Manchen Zusammenhang ahne ich nur, hoffe aber durch Dich später Einblick zu erhalten. Seinerzeit war es mir erschütternder Beweis, daß sich eine Reihe von langgehegten – wir beide sprachen ja oft davon – Befürchtungen nur all zu furchtbar bewahrheitet."[7] Und etwas später schreibt er aufgrund der Lektüre eines Schweizer Zeitungsartikels über den 20. Juli: „Es erschüttert mich immer wieder, welch menschliche und politische Tragik aus all den Ereignissen spricht. Die Einzelnen müssen entsetzliche innere Konflikte zwischen grundsätzlicher und derzeitiger Pflicht durchgemacht haben, ehe sie eigentlich alles zu opfern bereit waren. Wir Nachlebenden werden allerdings vor ein sehr schweres Erbe gestellt, da für den oberflächlichen und böswilligen – d.h. normalen – Betrachter aus diesen Geschehnissen eine Menge höchst willkommener Ableitungen möglich werden."[8] Nicht zuletzt verband Baudissin mit Henning von Tresckow ein sehr herzliches und persönliches Verhältnis.[9]

In dieser Zeit nach dem Kriegsende konnte Baudissin sich auch in einer schriftlichen Arbeit „Ost oder West" intensiver mit der Frage der Neuordnung in Europa und dabei auch mit dem Thema Widerstand auseinandersetzen.[10] Dort nimmt er im Zusammenhang mit der Entwicklung von Preußen Äußerungen von Luther auf, die er bei Brunner entdeckt hatte. Er zitiert indirekt[11]),

---

[6] Nach dem Evangelischen Kirchenkalender ist „Reminiscere" („Erinnere Dich") der 2. Sonntag in der Passionszeit, fünf Wochen vor Ostern. Er wurde nach dem Ersten Weltkrieg als „Heldengedenktag" zum Gedenksonntag für die Kriegsgefallenen erklärt und nach dem 2. Weltkrieg durch den Volkstrauertag im November ersetzt.
[7] Baudissin 2001, S. 104.
[8] Baudissin 2001, S. 110f.
[9] Baudissin 2001, S. 151.
[10] Baudissin: Ost oder West – Schicksalsfrage ... S. Rosen 1995a sowie ders. 2005.
[11] Brunner a.a.O. Anm. 30. Dies wird von Brunner im Zusammenhang mit Souveränität und dabei mit dem Gedanken verknüpft, dass der Staat Gottes Ordnung sei und darum seine Grenzen am Gotteswille habe. Das Thema Widerstand

„daß der Staat, wie er auch immer sein mag, durch Gott gesetzt ist. Jedoch eine Widerstandspflicht mit dem Worte besteht immer, ein Widerstandsrecht mit Gewalt nur in besonders krassen Fällen, wenn eine tyrannische Obrigkeit Handlungen verlangt, die offensichtlich im Gegensatz zu Gottes Wort stehen."[12] Dieses Verständnis von Widerstand ergebe sich aus dem „besonders fruchtbaren Spannungsverhältnis des Individuums Gott gegenüber", das aber seit Beginn des 19. Jahrhunderts in Preußen zunehmend verloren gegangen sei.[13] Es kann nur vermutet werden, wieso Baudissin genau diesen Gedanken an der speziellen Stelle in die Denkschrift eingeführt hat – der logische Zusammenhang ist zumindest nicht zwingend. Auf jeden Fall scheint das Thema selber für ihn zwingend gewesen zu sein: Zum einen aus seiner theologisch-religiösen Grundhaltung[14], zum anderen aus einem juristischen Hintergrund, geprägt durch den Vater. Und zum dritten aus dem von der Aufklärung bestimmten humanistischen Verständnis.

Besonders zu letzterem finden sich bei Kant hochinteressante Ausführungen, die Baudissin nicht fremd waren. Beim ersten Blick scheint Kant ein Widerstandsrecht kategorisch auszuschließen, nicht jedoch ein Widerspruchsrecht. Kräft widerspricht in seiner Dissertation diesem kategorischen Urteil: Mit den Aussagen des Römerbriefes, die später auch Baudissin häufig zitierte, sowie mit der Unterscheidung bei Kant zwischen dem „empirisch gegebenen Recht des Staates in der Wirklichkeit" und dem vernünftigen Privatrecht in der Idee"[15] öffnet Kräft den Blick für seine Sicht: „Die inhaltliche Spezifizierung des Paulus-Zitats, die Kant durch den Einschub vornimmt, belegt präzise seine differenzierte Position in dem Spannungsfeld von notwendig unantastbarem Gewaltmonopol des

---

nimmt Brunner dann noch einmal im 12. Kapitel in Zusammenhang von Gerechtigkeit und Naturrecht auf, s. dass. S. 110-112.

[12] Baudissin 1947, Kap 3.12. S.a. Rosen 1995a, S 118. – Bei diesen Äußerungen von Luther geht es im wesentlichen um Zitate aus den beiden Schriften: Von weltlicher Obrigkeit, wie weit man ihr Gehorsam schuldig sei, von 1523 sowie: Ob Kriegsleute auch in seligem Stande sein können, von 1526. S. bei Brunner a.a.O. S. 318, Anm. 30.

[13] Dazu s. Rosen 2004.

[14] Hierzu s. besonders Dörfler-Dierken a.a.O..

[15] Kräft S. 58f.

Staates und moralischer Autonomie des Subjekts. Die Maxime eines Subjekts, gewalttätigen Widerstand gegen den Staat zu unterlassen, hat nämlich nicht zur Konsequenz, der Staatsgewalt auch in ihren unmoralischen ‚Forderungen' gleich welcher Form, Gesetz, Verordnung, Verwaltung, Befehl – unkritisch willfahren zu müssen."[16]

Worum ging es Baudissin in dieser frühen Zeit der Neu-Besinnung beim Thema Widerstand?[17] In den Äußerungen aus der Gefangenschaft werden drei Aspekte deutlich, aus denen Baudissin sich mit dem Thema Widerstand beschäftigt:

Zum einen seine persönliche Betroffenheit mit der Konsequenz für sich selbst, als Noch-einmal-Davongekommener das Erbe der Märtyrer weiterzutragen.

Zum anderen die Bewertung der historischen Tat des 20. Juli 1944 sowie des Widerstandes gegen Hitler und das Nationalsozialistische System mit der Würdigung der daran Beteiligten.

Als drittes eine allgemeine Forderung an den Menschen zum bewussten Handeln in entsprechender Notsituation, vielleicht in Anlehnung an Kant, wie er dies schon in differenzierender Form herausgearbeitet hatte.

Mit dem Ende des II. Weltkrieges war für Deutschland nicht nur irgendein Krieg verloren, sondern eine ganze Welt zusammengebrochen, in der weite Teile des Militärs sich nach der Niederlage des I. Weltkrieges gerade erst wiedergefunden hatten. Daher spielte die rein formale Reinwaschung für den Generalstab und das Oberkommando der Wehrmacht durch das Nürnberger Gericht[18] von 1946 genau so eine große Rolle zur Selbstvergewisserung wie die spätere Ehrenerklärung des US-Amerikanischen Präsidenten Eisenhower und kurz danach auch die von Adenauer 1951 allgemein für alle ehemaligen Soldaten.[19] Umso mehr musste es die ehemaligen Soldaten treffen, dass ihnen aus ihren eigenen Reihen die Gesche-

---

[16] Kräft S. 72; er belegt dies mit Kants Aussage aus der „Religionsschrift" von 1793.
[17] Eine scharfsinnige exzellente Analyse zu diesem Thema s. Baur 2006, hier Kapitel 3.4: Baudissins Konzeption der Inneren Führung, S. 178-187.
[18] Das Urteil von Nürnberg. Vollständiger Text, München 1946, besonders S. 117-119 und S. 201-206.
[19] S. Wette 2001, S. 66ff., s. a. S 81f.

nisse um den 20. Juli 1944 wie ein Spiegel vorgehalten wurden, d.h. dass ihnen die traditionellen Werte, das gesamte Wertesystem, unter der Hand abhanden gekommen waren.[20] Die provokante Frage nach dem 20. Juli war also nichts anderes als der Auslöser für die alles umgreifende Sinnkrise, die spätestens nach dem 8. Mai 1945 offenkundig war und den Wiederaufbau in allen Teilen der Gesellschaft fast quälend begleitete.

Für Baudissin war in der Gefangenschaft bereits eindeutig, dass die Wertmaßstäbe durch die Geschehnisse in der ersten Hälfte des 20. Jahrhunderts völlig „erschüttert" waren. Dass derartige Erschütterung auch Chancen für den Neubeginn bedeutet, darüber hatte er bereits aus der Gefangenschaft mit seiner Braut brieflich diskutiert.[21] In Hermannsburg hatte er daher von der „Gnade des Nullpunktes" gesprochen.[22] 1953 betonte er, dass die „Ablösung aller Bindungen – der religiösen, der ethischen und der moralischen" – keine „Teilkrise bestimmter Jahrgänge" sei: „Wir sind uns wohl einig, dass diese Krise eine allgemein menschliche ist, in der mit keinen Notbehelfen restauriert werden darf, sondern dass uns die Suche nach neuen Wegen aufgegeben ist; nach Wegen, die das echte menschliche Bedürfnis nach Geborgenheit und Bindung auch in dieser technisierten Welt mit ihren besonderen Gegebenheiten befriedigen."[23]. Und in den Jahren 1954/55 finden wir häufig die „erschütterten Maßstäbe der ‚soldatischen Welt'" in seinen Gedanken: „Manche Tradition versagt vor den Ansprüchen, Belastungen und Bildern des letzten Krieges und der neuen geschichtlichen und geographischen Situation. Die Wirklichkeit, in der wir stehen, stellt alle Fragen neu und hinterläßt dort allenthalben Ratlosigkeit, wo man nur über die gängigen Antworten der Vergangenheit verfügt. Gerade diese Erschütterung des soldatischen Selbstverständnisses ist indessen ein echter, erster Ansatz zu neuen Wegen, weil sie das

---

[20] Hierzu s. u.a. Baur 2006 und dort besonders Kapitel 3, S. 143ff.
[21] Baudissin 2001 a.a.O. S. 65. Im Brief vom 6.4.1944 setzt Baudissin die Diskussion fort und spricht dort vom „richtigen Maß der Erschütterbarkeit", *ders.* 1994 a.a.O.
[22] Baudissin 1969, S. 23.
[23] Baudissin 53, 8, MS S. 5.

überlieferte Ethos des Soldaten radikal bis auf seine gesunden Wurzeln abgebaut und entblößt hat."[24]

Daher musste dies für Baudissin auch für die neu aufzustellenden Streitkräfte gelten. Baudissin war als einer der jungen ehemaligen Offiziere zu dem Geheimtreffen in das Kloster Himmerod im Herbst 1950 in die Eifel geladen worden. Im Abschlussdokument, der sogenannten Himmeroder Denkschrift, der Gründungsurkunde der Bundeswehr, kommt das Thema Widerstand nicht vor. Dennoch kann man etwas zwischen den Zeilen lesen, wenn es dort generell heißt, dass „ohne Anlehnung an die Formen der alten Wehrmacht heute grundlegend Neues zu schaffen" sei. Am nächsten wird das Thema in dem Hinweis zur Rechtspflege gestreift: „Besonderer Wert ist auf die Frage des Gehorsams und der Gehorsamsverweigerung (bisher § 47) zu legen."[25] Die steten Verknüpfungen in diesem Dokument – wie von These und Antithese, von Alt und Neu – belegen aber schon, dass bereits in Himmerod und nicht erst auf der nächsten Konkretisierungsstufe der Planungen im späteren Amt Blank die Auseinandersetzungen zwischen eher traditionellen und eher reformfreudigen Standpunkten hart aufeinander trafen.[26]

Für Baudissin kam nun mit Himmerod noch ein vierter Aspekt bezüglich des Widerstandes hinzu: die berufspraktische Konsequenz in Form von Wertmaßstäben und Regelungen für das Verhalten der künftigen Soldaten.

Alle vier Richtungen zusammen prägten Baudissins weitere Arbeit am Inneren Gefüge der künftigen deutschen Streitkräfte.

---

[24] Baudissin 55,13; s. ders. 1969, S. 163.
[25] Bundesministerium der Verteidigung 1985, S. 86. – Auf die Bedeutung des MStGB § 47 ging Baudissin in ders. 53,7 ein. „Es hat auch früher, und zwar im MStGB § 47, eine juristische Regelung gegeben, die es zur Pflicht machte, den verbrecherischen Befehl abzulehnen. An der juristischen Grundlage hat es also nicht gemangelt."
[26] Abenheim, S. 38f.; insgesamt s. dazu auch Detlef Bald in ders. 2001 S. 17ff.

2. Thema Widerstand im Amt Blank: Ringen um die Deutungshoheit

Die Auseinandersetzungen beim Himmeroder Gespräch bestimmten den weiteren, z.T. ungelenk erscheinenden Prozess für den Aufbau des Inneren Gefüges. Baudissin war Anfang Mai als siebenter Mitarbeiter ins Amt Blank gerufen worden. Seine Arbeiten zum „Inneren Gefüge" und zum „Bild des künftigen Deutschen Soldaten" fanden schon dadurch weniger Anerkennung, dass sie dem Bedürfnis der ehemaligen Soldaten nach „Rechtfertigung", „Ehrenerklärung" und „Tradition" nicht nahe kamen.

Nachdem Baudissin bereits ein gutes halbes Jahr im Amt Blank tätig war, ergab sich, dass er vom 3. bis 6. Dezember 1951 von der Evangelischen Akademie nach Hermannsburg in die Südheide zu einer Tagung geladen war, um sich mit ehemaligen Soldaten Gedanken über Fragen des neuen Soldatenbildes zu machen. In seinem Diskussionsbeitrag sprach Baudissin vom „neuen Ethos" sowie einer „reformatorischen Aufgabe", die nicht aus der Retorte herzustellen sei: „Das Ethos kann nur die Abstraktion von konkret Gelebtem sein."[27] Hier bereits erkennt man Baudissins wesentlichen Gedanken, eine Richtschnur für das Handeln aus dem selbst Erlebten, sprich: Bundeswehr-eigene Traditionen, zu entwickeln; der Begriff fällt in Baudissins Arbeiten erst drei Jahre später. Genau das aber „durfte" für die eher traditional Gestimmten nicht sein. – Nach dem Protokoll der Tagung scheint hier der Begriff Widerstand nicht gefallen zu sein. Am deutlichsten wurde Baudissin diesbezüglich beim Thema Werteverluste: „Alle früher als gültig erachteten Werte vom Staat bis zum Individuum sind erschüttert; insbesondere sind fragwürdig geworden die Stellung und Bedeutung, ja die Notwendigkeit des Soldaten überhaupt. Doch sollte man nicht bei der bedauernden Feststellung dieser Auflösungserscheinungen stehen bleiben, sondern dankbar sein für die Gnade des Nullpunktes und sich bewußt zu den Chancen bekennen, die jeder echte Neubeginn bietet."[28]

---

[27] Baudissin 51,5; ders 1969, S. 25.
[28] Baudissin 51,5; ders. 1969, S. 23.

Zwei Tage später, am 8. und 9. Dezember 1951, fand in Weinheim eine andere Tagung statt. Bei der trafen sich u.a. Blank und weitere Leitende Personen des Amtes mit ca. 50 Frauen und Männern aus dem Bereich des öffentlichen Lebens, z.T. bewusst aus den Widerstandskreisen geladen. Baudissin war nicht dabei.[29] Es ging um die Vorbereitung für den später sogenannten Personal-Gutachter-Ausschuss. Dabei wurde hart um die Bedeutung des 20. Juli gerungen. Man einigte sich auf die Formulierung. „Ein Kriterium für das Vorhandensein dieser Eigenschaften wird die Achtung vor der sittlichen Bedeutung des freiheitlichen Widerstandes gegen ein rechtswidriges Gewaltsystem sein – eines Widerstandes wie es z.B. in dem Aufstandsversuch vom 20. Juli 1944 seinen Ausdruck fand."[30]

Was war hier geschehen? War es saubere ministerielle Arbeitsteilung, nach der Baudissins Arbeiten zum Inneren Gefüge ohne das Thema Widerstand zu planen waren? War es reine Organisationsroutine, nach der Baudissin nach der Hermannsburger Tagung nun gerade nicht dran war, sondern das „Nachkommando" im Amt zu übernehmen hatte? Oder gab es gar inhaltliche Gründe, nach denen es besser erschien, Baudissin nicht mit nach Weinheim reisen zu lassen? D.h. sollte er bei der weiteren Aufbauarbeit im Amt nicht die Deutungshoheit für das Thema „Widerstand und 20. Juli" haben?

Trotz der in Weinheim gefundenen Formel für die Neuaufstellung des Offizierskorps blieb man im Amt Blank zunächst gegenüber dem Thema „20. Juli", gelinde gesagt, zögerlich. Die Frage nach dem Widerstand und speziell nach dem „20. Juli" dümpelte im Amt zunächst so vor sich hin, bis man im Rahmen eines – heute würde man sagen: – Controlling ein Drei-Viertel Jahr später die Notwendigkeit erkannte, dies, neben anderen Grundfragen, einer „baldigen Klärung" zuzuführen.[31]

---

[29] Baur 2006, S. 202ff.
[30] Zitiert nach Abenheim S. 93.
[31] S. Abenheim S. 92–96.

Auch ohne dass Baudissin während der weiteren Vorarbeiten zum Inneren Gefüge der künftigen Streitkräfte etwas explizit zum Thema Widerstand und 20. Juli 1944 sagte, finden sich doch manche Hinweise darauf in Verbindung mit verschiedenen Sachthemen seines Arbeitsgebietes. Soweit erkennbar äußerte Baudissin sich öffentlich zum Thema „Widerstand" erstmals im Dezember 1952, u.z. bei einem Vortrag im kirchlichen Raum zum Thema Kriegsdienstverweigerung. Dort unterschied er: „Der Christ hat nur das Recht zum Widerstand, wenn es um Bekenntnis und Verkündigung geht. Pflicht zur Kriegsdienstverweigerung, Recht auf Widerstand und Verweigerung rechtswidriger Befehle sind drei verschiedene Dinge, die auseinander gehalten werden müssen."[32] Beim Thema Verantwortung „nach oben" forderte er „neben Gehorsam auch männliches Einstehen und notfalls Konsequenzen ziehen".[33] Dies setzte sich fort in einem Diskussionsbeitrag über die Bedeutung des § 47 im früheren MilitärStrafGesetzbuch bezüglich „aktivem Gehorsam" sowie „Verantwortung". Dabei nahm Baudissin eine klare Abgrenzung innerhalb des Themenkomplexes vor: „Auf diesem Gebiet sind die Abgrenzungen außerordentlich schwierig. Man muss juristisch zwischen den als verbrecherisch erkannten Befehlen und denjenigen unterscheiden, deren strafbares Verlangen nicht gesehen werden kann, und ein besonderes Gebiet sind die sinnlosen Befehle, die man juristisch nicht erfassen kann. ... Im letzten aber ist Befehlsverweigerung eine echte Gewissenssache und kann nur aus einer höheren Verantwortung entschieden werden, besonders dann, wenn es nicht nur um die eigene Person, sondern auch um uns anvertraute Menschen geht." Und wie zufällig fügte er noch hinzu. „In unserer geschichtlichen Tradition hat es viele Frondeure aus Gewissenszwang gegeben."[34] Beim Thema Eid sagte

---

[32] Baudissin 52,11, s.a. ders.: 1982, S. 43, Hervorhebungen im Original.
[33] Baudissin 53,2.
[34] Baudissin 53,7. Diese Aufteilung ist dann in die Wehrgesetzgebung für die Bundeswehr eingegangen. - Unter dem Aspekt Frondeure nimmt Baudissin auch die Frage der Bindung auf: „ Diese Bindung wird um so wichtiger, je weiter und tiefer die Verantwortung greift. Gerade der Soldat steht häufig im Grenzbereich des Zumutbaren, wenn im Nebel der Ungewißheit Forderungen an ihn gestellt werden, deren Risiko ihm sehr viel deutlicher ist als die Berechtigung des Befehls. ... Ohne solche Bindung entartet der Soldat sehr leicht zum bloßen Manager der

er: „Doch zeigen die meisten Diskussionen über den Eid oder den 20. Juli 44, wie wenig eine säkularisierte Menschheit noch vom Wesen und von der Bedeutung des Eides weiß. Solange der Eid nicht als eine Gewissensbindung empfunden wird, die zum Gehorsam, aber auch notfalls zum verantwortlichen Ungehorsam ruft, wird es für die Gemeinschaft wie für den Einzelnen besser sein, auf den Fahneneid zu verzichten, der zum Quell der Versuchung und der inneren Not geworden ist."[35] Ebenso wirft er beim Vortrag über das „Bild des künftigen Soldaten" vor den Mitarbeitern des Amtes bei der Frage „wofür" das Stichwort: „20. Juli 1944 – Lebensordnung" so zufällig hin, ohne dies weiter auszuführen.[36] Erst auf die konkrete Frage des Bundesjugendringes, wann nach den Vorstellungen von Innerer Führung Widerstandsrecht und Recht auf Befehlsverweigerung gegeben sei, wird deutlich, dass Baudissin sich bereits intensiv mit den praktischen Konsequenzen beschäftigt hatte: „Ein ‚Widerstandsrecht' entsteht legitim nur in einem totalitärem System. Es ist in den Streitkräften eines demokratisch regierten Rechtsstaates sinnwidrig und steht nicht zur Diskussion."[37]

Man erkennt hier bereits, dass das Thema Widerstand für Baudissin bei seinen Arbeiten am Inneren Gefüge nicht zu umgehen war. Wie ein roter Faden durchzieht es alle Arbeitsthemen. Dennoch bleiben „Widerstand" und „20. Juli" eher unspezifisch, eher im Begründungs-Hintergrund. Zum eigenen Thema und zu einem der eigentlichen normativen Bezugspunkte für das Leitbild des künftigen deutschen Soldaten, den Staatsbürger in Uniform, konnte Baudissin es wohl nicht machen. Das „grundlegend Neue" und damit auch die Orientierung an der gewissenhaften Entscheidung der Männer des 20. Juli spaltete zu sehr.

Gewalt. Er wird zur Gefahr für jeden, der mit ihm zusammentrifft." Baudissin 54,11; ders. 1969, S 214. Baudissin 55,13, s.a. ders. 1969, S. 156ff.
[35] Baudissin 53,4. S. a. Tagebucheinträge vom 22.9.1953 sowie vom 11.12.1953: «Gespräch über 20.Juli und Eid» und vom 15.1.1954.
[36] Baudissin 53,9.
[37] Baudissin 53,17. Das schriftliche Interview hat eine intensive Leser-Diskussion gerade zu dieser Frage erbracht. S. Antwort an Herrn Varges in Baudissin 53,26 sowie an Herrn Heilmann in Baudissin 54,4. S.a. Baudissin 54,17, s. ders. 1969, S. 252.

Die Schwierigkeiten, den 20 Juli und Widerstand in das offizielle Bild für den künftigen deutschen Soldaten zu übernehmen, führte zu Heusingers „Nicht daran rühren – eigene Traditionen [der neuen deutschen Armee] wachsen lassen".[38] Damit glaubte man dem Thema ausweichen zu können.[39] Gleichzeitig veranlasste die Bundesregierung einen Sprecher der ehemaligen Soldaten, Admiral a.D. Gottfried Hansen, zu einer abgewogenen Sprachregelung, der sogenannten Hansen-Formel: „Der Riss, der durch den 20. Juli in unsere Reihen gebracht ist, muss überbrückt werden. Der eine von uns ist seinem Eid treu geblieben, der andere hat in weitgehender Kenntnis aller Vorgänge die Treue zu seinem Volk über die Eidespflicht gestellt. Keinem ist aus seiner Einstellung ein Vorwurf zu machen, wenn nicht Eigennutz, sondern ein edles Motiv sein Handeln bestimmt hat. Aus dieser Anerkennung des Motivs folgt, dass man Verständnis für die Handlungen des anderen aufbringen muss."[40] Mit dieser Formel hoffte man im Amt Blank, die alten Soldaten für sich zu gewinnen, und es schien, dass man im neuen Verteidigungsministerium damit gut leben könne. Dass man damit aber zumindest in der ersten Hälfte der 50er Jahre – außer bei den Offiziellen der Soldatenverbände – kaum auf Gegenliebe stieß, machte die Situation für die Armee im Aufbau besonders schwer. Dabei ging es besonders um das „ohne Vorwurf" und „Verständnis-Aufbringen". Der Riss schien unüberbrückbar.

Soviel Baudissin die neuen Linien für das geistige Gerüst der neuen Soldaten auch in Reden, Vorträgen mit Aussprachen, in Interviews und Artikeln zu zeichnen bemüht war, in den ersten fünf Jahren seiner Arbeit im Amt fällt der Begriff „Tradition" als Titel eines Vortrages o.ä. nicht.[41] Stattdessen ging es ihm von Anfang an darum, „neue" Ansätze für die Wertbindungen zu finden.[42] Bei sei-

---

[38] Zitiert nach Abenheim S. 91. Reuther berichtet sogar davon, dass lange Zeit Heusinger „den Weg einer vorübergehenden Traditionslosigkeit" zu gehen versucht hatte. S ders. S. 196.
[39] Zu der Behandlung des Themas 20. Juli im Amt Blank s. Baur 2006 Kap 3 sowie de Libero 2006, S. 56-75.
[40] Zitiert nach de Libero 2006, S. 193. S.a. ausführlich Reuther S. 197f.
[41] Abenheim, S. 56-66.
[42] Baudissin 51,5; ders. 1969, S. 23.

ner Zusammenfassung der Ergebnisse von der „Siegburger Gutachtertagung" im April 1953 ging er jedoch schon einmal auf das Thema „Tradition als möglicher Integrator" ein und damit meinte er, dass der Mensch „mit der Vergangenheit konfrontiert wird um die Zukunft zu sehen."[43] Dazu entwickelte er drei Prinzipien: Zum einen „das Sich-selbst-nicht-wichtig-Nehmen … nämlich dann, wenn es die höhere Verantwortung von der Aufgabe her oder wenn es das Gewissen fordern." Zweitens "dass wir den anderen Menschen wichtiger nehmen als die abstrakte Sache. Und drittens dass „der Inhalt stets über die Form …, die Zukunft über die Vergangenheit" gesetzt wird. In diesen Prinzipien klingen deutlich Aspekte an, die in enger Beziehung zum Thema Widerstand und 20. Juli stehen. Wenig später wurde Baudissin vom Bundestagsausschuss aufgefordert, mit den Mitgliedern über „Wert und Unwert soldatischer Tradition" nachzudenken. In seiner Zusammenfassung sagte er: „Tradition kann nur menschliche Haltung sein. Sie bestätigt am personalen Beispiel die Kraft zu solcher Haltung, verbindet mit Vergangenheit und fügt so Menschen in den Gang der Gemeinschaft durch die Geschichte ein; somit wird auch Zukunft sichtbar."[44] Dies wollte er bewusst getrennt sehen von „Einstellungen zur Vergangenheit". Dabei nannte er besonders die „Schuldfrage … im Hinblick auf das Dritte Reich". In jener Zeit seien „unzählige, menschlich und soldatisch wertvollste Haltungen vorgelebt worden …, die beste Traditionen bedeuten. Ohne Erlebnis der Traditionswerte im praktischen Leben gibt es keine Tradition." Er hatte also klare Vorstellungen von dem, was mit dem Begriff Tradition für die künftigen Streitkräfte gemeint sei. Dabei wird bereits der Gedanke Bundeswehreigener Traditionen angesprochen als auch der Bezug zum Widerstand deutlich, auch wenn man zunächst „nur" die „soldatischen" Tugenden dahinter vermuten mag. Dass dieses Themenfeld „vermint" war, sprach Heusinger zwei Jahre später zum Abschluss einer der Siegburger Tagungen der Gruppe Inneres Gefüge aus: „Es ist so wie Baudissin es sagt: Wenn dieses Wort ‚Tradition' einfach so in die Diskussion gestellt wird, dann erlebt man sehr oft, dass die Geister sich in diesem Augenblick scheiden, weil nämlich unter dem

---

[43] Baudissin 53,8, s.a. ders. 1969, S. 150f.
[44] Baudissin 53,15.

Begriff ‚Tradition' die einen etwas sehen, was um Gottes willen nicht wiederkommen darf, die anderen etwas sehen in der Richtung, wie es hier [in Siegburg] gesehen ist."[45]

Stattdessen versuchte Baudissin so etwas wie eine Gratwanderung zwischen Restauration und Revolution. Er hielt es für unsachgemäß, das Bild des künftigen Soldaten nur aus der Vergangenheit ableiten zu wollen. Stattdessen sei nach dem Ausschau zu halten, was sich voraussichtlich in der Zukunft bewähren wird. Es sei daher notwendig, „den Griff ins Unbekannte zu tun".[46] Er sagte: „Damit wir aber zu positiven Wegen kommen, ist zunächst einmal eine Neubesinnung auf die Grundlagen notwendig, ihr Vergleich und Anpassung an das, was uns aufgetragen ist, und der Versuch, sie so zu verdeutlichen, dass sie wieder allgemein verbindlich werden. Dies ist wohl besonders zwingend auf den Gebieten, die wir hier betrachten wollen: Disziplin, Gehorsam, Verantwortung, Kameradschaft und Zusammengehörigkeitsgefühl. Alle diese Begriffe sind schillernd geworden, und ihr Inhalt ist schwer belastet mit dem, was in der Vergangenheit gesagt und getan wurde. Sie sind weitgehend entleert und für viele Menschen unverbindlich geworden. Und doch sind sie die Lebensgrundlage jeder soldatischen Gemeinschaft, die Elemente des ‚Betriebsklimas'."[47] Anfang 1955 näherte er sich unter dem Thema „Reform und Restauration im Programm der deutschen Wiederbewaffnung" doch der Traditionsfrage. In Form einer Negativabgrenzung formuliert er, dass die Tradition der künftigen Streitkräfte eine gemeinsame Front gegen alle bilden müsse, die „bewusst oder unbewusst gegen das Freiheitliche stehen und dadurch das Totalitäre begünstigen ... Freiheitlich oder totalitär in jeder Konsequenz ist heute die Frage!"[48] Indirekt ist dies als Bekenntnis zum Widerstand als künftige Tradition der Streitkräfte zu verstehen.

---

[45] Zitiert nach Abenheim S. 73-78, hier: S. 77; Einfügung Abenheim.
[46] Baudissin 54,13.
[47] Baudissin 53,8 MS S. 2, s.a. ders. 1969, S. 141f.
[48] Baudissin 55,2.

3. Freiheitliche Traditionen – die Bundeswehr-eigene Tradition

Ab Ende 1954, scheint es, wurde das Thema Tradition Baudissin quasi von außen und mit Wucht aufgezwungen. Er nahm es an und verknüpfte es mit „seinen" bisherigen Themen wie das „Geistig-Sittliche" und das Ethos, das Leitbild sowie das Bild vom künftigen Soldaten, später: Staatsbürger in Uniform. Im Gegensatz zur großen Menge der ehemaligen Soldaten, die unter Tradition die Übernahme von Bildern ausschließlich aus früheren Kriegen der preußisch-deutschen Militärgeschichte verstanden und dabei besonders ihr eigenes Erleben des letzten Krieges als Stütze für ihre Position in der Nachkriegszeit erhofften, suchte Baudissin aufgrund der „Notwendigkeit zur Selektion" für Traditionen eine Leitlinie für zukünftige Aufgaben des Militärs in einem wesentlich gewandelten Umfeld des Militärs durch gezielte Auswahl zu begründen. Der Blick ging generell nach vorne, hin zu Bundeswehr-eigenen Traditionen. Die traditionsbildenden Elemente sollten der Problemlösung dienen, indem sie zu Frieden und Freiheit verpflichteten. Wo es nützlich sei, sollten auch Bezüge zur Vergangenheit nicht ausgeschlossen sein. Gegenstand von Tradition waren dabei nicht (in erster Linie) Menschen und Schlachten, sondern Haltungen und Einstellungen bzw. dazu passende „Prinzipien" eines politischen Bewusstseins.

Anfang 1956 legte er eine umfangreiche, sehr akribische und historisch untermauerte Abhandlung zum Thema „Tradition in der Gegenwart" vor. Sie diente zunächst als Vortrag beim Sonthofener Lehrgang und wurde danach im Heft 9/1956 der Zeitschrift Wehrkunde veröffentlicht. Schließlich erschien sie 1957 wie auch die anderen Vorträge beim Sonthofener Lehrgang aus Baudissins Unterabteilung im Handbuch Innere Führung.[49]

Aus der Entwicklung seiner Gedanken zum Inneren Gefüge wird hier nun Baudissins Grundansatz für Tradition – nicht nur im Militär – präzise zusammengefasst: „Wenn wir uns vor Augen stellen, welche politischen, sozialen, technischen und geistigen Erschütterungen und Umwälzungen allein über unsere Generation – die

---

[49] Baudissin 56,1 s.a. ders. 1969, S. 79-86.

Menschen zwischen 30 und 60 Jahren – hinweggegangen sind, dann erkennen wir die atemberaubende Schnelligkeit, mit der sich die Entwicklung heute vollzieht, zugleich aber auch ihren weltumspannenden Charakter, von dem – im Gegensatz zu früheren Zeiten – kaum ein Mensch unberührt geblieben ist. ... In einer solchen Zeit schicksalsschwerer Ereignisse und tiefgreifender Wandlungen beherrscht natürlicherweise das Aktuelle das Bewusstsein der Menschen, während das Gefühl für das Geschichtlich-Zwangsläufige der Entwicklung, der Sinn für das Beständige, Dauernde, Bleibende nachlässt."[50] Und inhaltlich führt er seine Gedanken zur Traditionen zusammen auf die neue deutsche Verfassung: „Mit der Gesetzgebung unserer Bundesrepublik sind die Grundlagen der deutschen Tradition wieder freigelegt, nachdem das Dritte Reich die Kontinuität unserer bisherigen Geschichte unterbrochen und die Fundamente der abendländischen Tradition beiseite geschoben hatte."[51] Baudissin ging es also um insgesamt europäische Traditionswerte wie Friedenswille, Menschlichkeit, Verantwortung, Gewissen und Verhältnis zur Wahrheit, zu denen die Väter und Mütter des Grundgesetzes und Soldatengesetzes sich ausdrücklich bekannt hatten.[52] Erstaunlich mag dabei sein, dass der Begriff „Widerstand" in Baudissins Vortrag nur ein einziges mal fällt und zwar als Beispiel, dass man sinnvollerweise zwischen Konventionen und Traditionen unterscheidet, um nicht „Koppelschloss" und „soldatisches Ethos" in einen Topf zu werfen.

Ab 1958 war Baudissin dann zunächst als Truppenkommandeur sowie danach im Ausland bei der NATO eingesetzt. Auch wenn er von dort die inneren Entwicklungen der Bundeswehr weiter verfolgte, hielt er sich doch mit Ausführungen zu seinem bisherigen Tätigkeitsbereich vornehm zurück. Bei der Gedenkrede zum 20. Juli in der Bonner Beethovenhalle 1964 entwickelte er jedoch

---

[50] Baudissin 56,1, s. Handbuch Innere Führung S. 49.
[51] Baudissin 56,1, s. Handbuch Innere Führung S. 73.
[52] HBIF S. 50. Trotz dieser Klarstellungen verwundert es (nicht?), wenn Baudissin in seinem ersten Jahresbericht zur Inneren Führung vom Februar 1957 feststellten musste, dass über 60 sogenannte „umstrittene Traditionsverluste" von der Truppe gemeldet wurden –, durchweg derartige „Konventionen". Rosen 1981, S. 167-181 – hier besonders S. 178f.

seine Gedanken zur Tradition unter dem Begriff „Freiheitliche Traditionen" weiter[53]: „Für denjenigen der nicht daran zweifelt, dass nur freiheitlich-rechtsstaatliche Wege zu gesichertem, menschenwürdigen Dasein führen, für den kann es auch keinen ernsthaften Zweifel daran geben, dass allein freiheitliche Traditionen bei diesem Beginnen helfen können. Solche Überlieferungen gibt es in der deutschen Geschichte in großer Zahl, wenn sie auch leider nur selten bestimmenden Einfluss gewannen." (S. 104f) Und er schließt diesen Gedanken: „Mit der Entscheidung für freiheitliche Traditionen schwindet das Unbehagen gegenüber dem bestürzenden Wandel unserer Zeit; der Weg zu positiven, vorwärtsgreifenden Lösungen öffnet sich. Damit wird auch jener eigentümliche Kulturpessimismus gegenstandslos, der die tiefe Wandlung der Lebensbedingungen und damit unseres Lebensgefühls so gern als Verfall deklariert und den Soldaten das verachten heißt, was gerade zu verteidigen ihm aufgetragen ist. Allein vom freiheitlichen Menschenbild her lässt sich die Diskussion über Erziehung und Ausbildung führen. Freiheitliche Erziehung reduziert nicht zum passiven Gehorsam, sondern entfaltet zur Mitverantwortung; sie macht nicht hörig, sondern mündig und entspricht damit den Anforderungen des aufgelockerten Gefechts technisierter Streitkräfte." (S. 107) Diese Beschreibung des Wofür von freiheitlichen Traditionen enthält in sehr kompakter Form das Programm der Inneren Führung.

Je mehr Zeit verstrich desto eindeutiger fokussierte Baudissin das Traditionsangebot auf „Bundeswehr-eigene Traditionen". Anfangs bemerkte er dabei aber, wenn schon aus der Vergangenheit etwas auszuwählen sei, dann könnten dies nur die Preußischen Reformen von 1806 und der Widerstand gegen das NAZI-System sein.[54] Anfang der 1980er Jahre meine er, die Streitkräfte bestünden

---
[53] Baudissin 64,11, s. ders. 1969 S. 102-109.
[54] Diese drei Traditionsgegenstände sind von Baudissin bewusst so formuliert, weil dadurch weniger auf die einzelne Person, sondern mehr auf deren Haltung, Bewusstsein und Ethos abgehoben wird. –. Aus den drei Traditionsgegenständen haben dann andere eine Art Drei-Säulen-Theorie der Tradition der Bundeswehr gemacht. So formuliert Reuther a.a.O. S. 193: „Die Bundeswehr hat heute drei anerkannte historische Bezugspunkte: ihre eigene Geschichte, den Widerstand gegen den Nationalsozialismus und die preußischen Heeresreformen im Zeitalter der ‚Freiheitskriege'."

inzwischen lange genug, dass dies ausreichend Erfahrungen zur Auswahl von geeigneten Traditionsgegenständen bieten würde. Alles was mehr als 30 Jahre zurück läge, sei für den heutigen Bedarf an Orientierung unlogisch und nicht sachgerecht.[55] Deshalb verkürzte er die möglichen Traditionsgegenstände in seiner Stellungnahme „zum Traditionsverständnis und zur Traditionspflege" für Apels heute noch gültigen Traditionserlass noch einmal: „Ich habe ... immer gesagt, wenn wir uns für Vorbilder aus der Zeit vor 1945 entscheiden, dann müssten es die Männer und Frauen des Widerstandes sein. Denn an ihnen wird deutlich, wie es in einem Lande zugeht, in dem keine demokratischen Werte und Spielregeln gelten. Zum anderen werden uns mit den Widerstandskämpfern Menschen nahe gebracht, die ihre Existenz und ihre Familien für das wagten, was heute die Grundwerte unserer Verfassung sind."[56]

4. Major Dr. Trentzsch's Überrumpelung beim Sonthofener Lehrgang

Major Dr. Trentzsch hatte nach dem Krieg studiert und sich in seiner Dissertation beiläufig mit dem Thema Widerstand beschäftigt. Januar 1956 wurde er wieder Soldat und im Ministerium in der Nachbar-Unterabteilung zu der von Baudissin eingesetzt. Hier beschäftigte Trentzsch sich eingehend mit dem Thema „Widerstand".[57] Er hatte sich dabei auch mit den Mitarbeitern aus der Unterabteilung von Baudissin intensiv ausgetauscht. Denn weite Passagen seiner Gedanken lesen sich nun – anders als noch in seiner Dissertation – wie die von Baudissin seit Ende der 40er Jahre und aus der Gruppe Inneres Gefüge.

Zur Einführung für die neuen ehemaligen höheren Stabsoffiziere und Generale war bereits seit Anfang der Planungsphase an einen umfangreichen Lehrgang gedacht, in dem das „Neue" im Mittelpunkt stehen sollte. Dazu gehörte nach Auffassung von Baudissin

---

[55] Baudissin 81,2.
[56] Baudissin 81,13.
[57] Trentzsch: Der Soldat und der 20. Juli. Vortrag vor dem 1. Lehrgang für höhere Offiziere der Bundeswehr in Sonthofen. Darmstadt Verlag: Wehr und Wissen 1956 (1).

besonders, was mit der Inneren Führung zu tun hatte.[58] 1956 sah dieser Lehrgang dann deutlich anders aus und das Thema „Innere Führung" spielte eher eine Nebenrolle.[59] Das betraf nicht nur den Umfang der Themen, sondern besonders auch deren methodische „Darstellung". Statt durch kurze Impulsvorträge mit anschließenden ausführlichen Aussprachen in kleinen Gruppen mussten die Lehrgangsteilnehmer die Themen der Inneren Führung nun nur noch und ausschließlich in Vortragsform über sich ergehen lassen – zum späteren Nachlesen „im Selbststudium" wurden die Manuskripte nach dem Vortrag schriftlich verteilt. –Aussprachen mit den Referenten waren ausgeschlossen. Und ein Vortrag zum Thema „20. Juli" wurde von Speidel ausdrücklich verboten.

Damit dieser Lehrgang den Anstrich der propagierten Reform erhalten konnte, wurde die dafür vorgesehene Kaserne in Sonthofen, die ehemalige NS-Ordensburg, auf Druck des Verteidigungsausschusses nach dem am 20. Juli 1944 mit beteiligten und zu Tode gekommenen Generaloberst Ludwig Beck umbenannt. Speidel war zur Eröffnung des Lehrgangs am 2. Mai angereist und hielt eine längere Ansprache. In der Mittagspause eröffnete er dann, zusammen mit Becks Tochter, in einer kurzen Zeremonie die Beck-Gedenkstätte. Die Tafel war jedoch noch nicht gefertig und so wurde der 1:1-Entwurf auf Pappe, gestaltet von der Künstlerin Gräfin Baudissin, ersatzweise aufgehängt.

Trentzsch's Unterabteilungsleiter Oberst Drews hatte seinen „jungen Mann" zum Sonthofener Lehrgang mitgenommen.[60] Noch am Eröffnungstag hatte Trentzsch dann, abweichend von Dienstplan und entgegen Speidels Befehl – aber wohl mit Wissen seines unmittelbaren Vorgesetzten –, „seinen" Vortrag „Der Soldat und der 20. Juli" gehalten.[61]

Auf Ausgleich zwischen den „Fronten" bedacht, beschwor Trentzsch einleitend die durchweg wesentlich älteren Zuhörer im

---

[58] S. Baudissin 52,2, s.a. ders. 1969, S. 225-228.
[59] S. Rosen 1986.
[60] S. Baur S. 104-109 sowie de Libero 2011, S. 181ff., hier: besonders S. 197-203.
[61] Der Vortrag ist ebenso wie der von Drews in Ton und Bild mitgeschnitten und später offiziell an die Truppe ausgeliehen worden, s. VMBlatt 57, S. 435: TG 93-100016. - Die Zitatnachweise beziehen sich auf die Veröffentlichung s.o..

Rang von Generalen und Obersten: „Jeder Offizier ist heute aufgerufen, mit sich selbst gegenüber jenen Problemen ins reine zu kommen. Denn sie rühren an die Wurzel der soldatischen Existenz. Nicht nur um seiner selbst willen muss der Offizier die Klarheit suchen und finden. Er muss auch den jungen Menschen, die morgen Soldat werden, Antwort geben können, wenn sie ihn fragen. Und sie werden ihn fragen." – Weiter beschwor er die Zuhörer: „Die Fragen stehen auf und verlangen eine entscheidende Antwort. Aber da ist – heute wie damals – niemand, der einem sagt, welches das Richtige, das Rechte ist."(S. 13) Er betonte, dass der 20. Juli eine „Ausnahmesituation" und „kein Modellfall" für Soldaten in einer freiheitlichen Rechtsordnung sei, die „sich niemals wiederholt". Weiter griff er die Hansen-Formel als „völlig falsche Kontroverse" und als „vereinfachende Gegenüberstellung" an und stellte stattdessen fest, dass das Vorgehen der Widerstandskämpfer für die neue Bundeswehr keine Norm darstellen könne, denn in einem freiheitlichen Rechtsstaat sei für Widerstand kein Platz für Rebellion. Ja, es sei „grundfalsch, den 20. Juli zum Modellfall machen zu wollen."(S. 30) Dennoch müsse jeder Offizier sich mit der Problematik des Widerstandes auseinandersetzen, denn eine „Geschichtslücke aus Passivität" dürfe es nicht geben; die Problematik des Widerstandes sei besonders geeignet, das Gewissen zu schärfen. (S. 14) Aber ein Urteil über die Tat des Widerstandes könne keinem Soldaten „vorgeschrieben werden". (S. 32)

Am 16. Juli 1956 war der zweite Lehrgang angelaufen. Die Steinplatte mit der Inschrift des Beck-Wortes wurde zum 17. Juli fertig und aufgestellt. Was lag also näher, als deren Enthüllung am 12. Todestag von Beck zum Anlass für ein feierliches Gedenken zu nehmen. Speidel verbot jedoch auch diese Gedenkfeier; er übersah dabei nur, dass die Tafel durch den Lehrgangskommandeur an den Kasernenkommandanten ‚zumindest' übergeben werden ‚musste' – in würdiger Form.[62] Von den Lehrgangsteilnehmern des 2. Sonthofener Lehrgangs wurde schließlich im Erfahrungsbericht besonders

---

[62] S. Nachlass Gräfin Baudissin, Depositum im BDZ, sowie die Einträge im Tagebuch Baudissin v. 4.7. und 17.7. und 19.7. und 2.8.1956.

vermerkt, dass seitens der Mitarbeiter aus der Unterabteilung Innere Führung kein Wort zum 20. Juli gesagt worden sei.[63]

Die „Eigenmächtigkeit" von Trentzsch kam zur disziplinaren Würdigung vor den Militärischen Führungsrat[64]. Vermutlich auf Vorschlag von de Maiziére wurde Trentzsch im Nachhinein rehabilitiert. Die vorgetragene Position wurde sogar so „vermittelnd" empfunden, dass man Trentzsch's Manuskript als „offizielle Stellungnahme des Ministeriums zu dem umstrittenen Thema" drucken und verteilen ließ.[65] Damit war sicher für weite Kreise der ehemaligen Soldaten eine „Schlacht gewonnen", die seit den Anfängen im Amt Blank angestanden hatte. Drews nahm dabei, möglicherweise unbewusst, nur eine Handlangerfunktion wahr, wenn er bei der Suche nach neuen Aufgabenfeldern für seine Unterabteilung besonders im Bereich der Unterabteilung Baudissin graste, bis hin dass er in deren ureigensten Aufgabenbereich z.B. in der Schule für Innere Führung sich breit zu machen versuchte.[66] Zu solchen Aktivitäten gehörte dann auch, dass er mit seinen Mitarbeitern das Feld „Widerstand" als Thema für seine Unterabteilung beanspruchte. Wie weit dies alles mit Billigung auch höheren Ortes geschah, soll hier nicht weiter erörtert werden.

---

[63] S.a. Baur 2003, S. 109 und S. 116.
[64] Das war das erste oberste Führungsgremium der Streitkräfte, bestehend aus den Abteilungsleitern für die Teilstreitkräfte unter Vorsitz von General Heusinger der.
[65] S. de Libero 2011, S. 201f. - Trentzsch's weiterer Weg als Leiter des Referates „Psychologische Kampfführung" und später auch Leiter der Unterabteilung für „Ausbildung, psychologische Kampfführung und Wehraufklärung" in „Zeiten des Kalten Krieges" mit diversen Veröffentlichungen und Vorträgen u.a. auch zum Thema Widerstand, brachte ihn in die Nähe zu der von seiner Unterabteilung vertretenen Antikommunismuslinie.
[66] S. z.B. Tagebuch Baudissin 4.12.1956 und 6.3.1958; s.a. Rosen 1981a, S. 292f.

5. Thema „Widerstand" im Handbuch Innere Führung[67]

Zeitlich parallel zu Trentzsch's Vorbereitungen auf seinen Vortrag für Sonthofen arbeitete man in Baudissins Unterabteilung an einer ersten ministeriellen Verlautbarung zum Widerstand, den „Gedanken am 20. Juli". Man bemühte sich dabei auch um die Genehmigung von Heuss, aus dessem neuesten Buch „Der Aufstand des Gewissens" einen Passus zitieren zu dürfen. Baudissins Ausführungen wurden von Heusinger gebilligt[68], so dass die „Gedanken" rechtzeitig zum Jahrestag 1956 an die Truppe versandt werden konnten[69], sie sind aber letztlich meist irgendwo auf dem Dienstweg hängen geblieben. [70] Dennoch sind diese „Gedanken" der erste offizielle Erlass des Verteidigungsministeriums zur Tradition des Widerstandes und des 20. Juli – auch wenn dies wohl von kaum jemand so wahrgenommen worden ist.

Die Ausführungen sind dann ein Jahr später auch in das Handbuch Innere Führung aufgenommen worden[71]. Diese Publikation hatte als Zusammenfassung der Gedanken aus über fünf Jahren Vorarbeit zum Bild der neuen deutschen Soldaten aus der Gruppe Innere Führung um Graf Baudissin formal eine grundsätzliche Bedeutung – so wenig das Handbuch auch gelesen worden sein mag –.

---

[67] S.a. Reuther S. 201ff.
[68] Tagebuch 2.8.1956 Dort vermutet Baudissin nachträglich, dass die Vorlage zum „20. Juli" wohl nur deshalb so schnell genehmigt worden sei, weil das Schweigen des Ministeriums zum 17. Juni gerade vorher vom Bundestagspräsidenten scharf gerügt worden war.
[69] S. Tagebuch 4.8.1956. Dabei handelt es sich um das Dokument Baudissin 56,11, das in zwei Entwurf-Fassungen und dem endgültigen „Befehl" mit der ergänzten Einführung und dem Nachwort vorliegt.
[70] Als Rückmeldung aus dem G1-Lehrgang in Hennef hält Baudissin im Tagebuch am 5.8.1956 fest, dass „nur eine begrenzte Anzahl von Dienststellen unseren Befehl zum 20. Juli erhalten hat".
[71] Das Handbuch wurde mit einem Vorwort von Heusinger herausgegeben. Die Veröffentlichung zum Widerstand (HBIF S. 79-87) wurde noch einmal stilistisch überarbeitet und mit dem Abschnitt „Das Misslingen" ergänzt.

Die „Gedanken zum Widerstand" beginnen mit einem Zitat aus den Richtlinien des Personalgutachter-Ausschusses: „Der Soldat ist in seinem Gewissen gebunden an unvergängliche sittliche Gebote. Im Bewusstsein überzeitlicher Verantwortung achtet er die Rechte des Nächsten und dessen religiöse und politische Überzeugung. Aus solcher Einstellung muss der künftige Soldat die Gewissens-Entscheidung der Männer des 20. Juli 1944 anerkennen. Dies wird er verbinden mit der Achtung vor ihnen und vor den vielen anderen Soldaten, die im Gefühl der Pflicht ihr Leben bis zum Ende eingesetzt haben."[72] Dem schlossen sich dann Aussagen an wie: „Jeder sollte sich heute um Verständnis für den damaligen Standort des anderen bemühen." und: „Die bis zuletzt Gehorchenden hatten bis heute hinreichend Gelegenheit, sich ein zutreffendes Bild vom Nationalsozialismus zu machen."[73] Im Gegensatz aber zu derartigem „Verständnis für die Handlungen des anderen" und damit auch „für den damaligen Standort des anderen", worum es Trentzsch vor allem ging, betonte Baudissin – wie bereits seit Anfang der 50er Jahre – darüber hinaus das Ethische und damit auch das Beispielgebende des Widerstandes für den heutigen Soldaten als Verantwortung „vor der letzten Instanz" und als „neue Verpflichtung". Dies gelte für alle Staatsbürger gleichermaßen, „dass jene anormalen Zustände nicht wiederkehren, in denen die allgemein verbindlichen Werte der sittlichen Grundordnung so weit in Frage gestellt wurden, daß der einzelne vielfach keine klare Grenze zwischen Gut und Böse, Recht und Unrecht mehr erkennen vermochte, also in eine ausweglose Situation geriet." [74]

Und abschließend nahm er den Gedanken auf – der auch im Kapitel „Zum Leitbild" im Handbuch steht:„Wer heute die Notwendigkeit und innere Berechtigung des 20. Juli nicht bejaht, kann nicht qualitativ unterscheiden zwischen Pankow und Bonn." Die beiden Ortsnamen stehen als Symbol für das Totalitäre, dem das Freiheitliche als „gemeinsame Grundlage der freiheitlichen Überlieferungen"[75] entgegengesetzt wird. Der Widerstand sei daher nicht

---

[72] HBIF S. 81.
[73] HBIF S. 24.
[74] HBIF S. 84.
[75] Baudissin 57,5, s. ders. 1982, S. 96f.

bloß eine historische Begebenheit; er sei und bleibe von höchster Aktualität, „solange jenseits der Elbe 17 Millionen Deutsche weiter in einem Unrechtsstaat leben müssen."[76]

Das Kapitel endet, wie es begonnen hatte, mit einem Zitat, u.z. aus dem Buch „Aufstand des Gewissens" vom Bundespräsidenten Theodor Heuss:

„Die Tragödie des 20. Juli 1944 ist der dramatische Höhepunkt in den mannigfachen Bemühungen, vom Politischen, von Militärischen her den Weg zur Katastrophe aufzuhalten, die in Hitlers Maßlosigkeiten der sorgenden Einsicht von Anbeginn sich abzeichnete. Sie wird auch ihren Symbolcharakter behalten durch die Opfer, die sie forderte: hohe Offiziere neben Arbeiterführern, Verwaltungsbeamte und Diplomaten neben Geistlichen beider Konfessionen, Männer der verschiedensten parteipolitischen Herkunft."

Das Thema Widerstand wird zusätzlich noch in anderen Kapiteln behandelt oder zumindest gestreift.[77]

Im ersten Kapitel „Der Eid – Vor der letzten Instanz" heißt es eindringlich und „in die Pflicht nehmend": „Schon einmal gewann – in einem sehr viel plumperen ungeistigen Gewande – das Totalitäre Gewalt über uns. Das konnte geschehen, weil zu wenig einzelne die Verpflichtung fühlten, kompromisslos zu den Grundwerten abendländischen Menschentums zu stehen."[78] Hier das Totalitäre, das die Geschichte des 20. Jahrhunderts prägte – und als Gegensatz dazu das Freiheitliche, das für Baudissin immer größere Bedeutung als Orientierungspunkt gewann.

Im zweiten Kapitel zur „Situation und Leitbild" – einen Gedanken im Kapitel „Widerstand" vorwegnehmend – heißt es zur Frage der Bereitschaft und Entschlossenheit, sich gegen jede Unmenschlichkeit und jedes Unrecht zur Wehr zu setzen: „Widerstand hat *nichts mit soldatischem Gehorsam oder Ungehorsam zu tun*. Widerstand ist vielmehr eine sittlich-politische Entscheidung, die nur im Unrechtsstaat von *jedem Menschen* und damit auch vom Soldaten gefor-

---

[76] HBIF S. 85.
[77] Baudissin 56,11, s. ders. Handbuch Innere Führung, S 15 ff; sowie ders. 56,1 a.a.O., S. 47ff.
[78] Baudissin 56,16, s. Handbuch Innere Führung, S. 11.

dert werden kann." Um diese „geistige, politische und soziale Auseinandersetzung von schicksalshaften Ausmaßen" gehe es auch bei der Entscheidung „zwischen Bonn und Pankow". „Deshalb bleibt auch die persönliche Einstellung zu den Motiven und der Bedeutung des 20. Juli 1944 die Gretchenfrage *an jeden von uns.*"[79] – Deutlich wird auch hier, dass Baudissin Widerstand gerade nicht als ein Militär-Spezifikum sah, auch wenn er sich mit diesen Ausführungen natürlich zunächst an die Soldaten und speziell an die Offiziere wandte. Dieser allgemein gesellschaftlich-politische Aspekt unterscheidet Baudissins Sicht von dem anderer Vertreter zu diesem Thema. Was daher mit „Bonn oder Pankow" gemeint ist, fasste er abschließend in dem kleinen damals futuristischen Beispiel ohne direkte Auflösung, „wenn wir an ein Offiziersheim, eine Unteroffizierskantine oder an eine Mannschaftsstube denken, in der im Falle einer Wiedervereinigung die ehemals feindlichen Brüder zusammen sitzen."[80]

Und im dritten Kapitel über „Soldatische Tradition" geht es neben der bereits angesprochenen marginal Erwähnung des 20. Juli „bewusst und eindeutig für eine bestimmte Tradition, deren Richtung uns etwa durch den Namen des Generaloberst Ludwig Beck gewiesen ist."[81] Mit diesem Namen war verbunden, was Baudissin schon vorher als „Frondeure aus Gewissenszwang" bezeichnet hatte.[82]

1958 wurde in der Zeitschrift „Information für die Truppe" – dem Bundeswehr-offiziellen Organ der Unterabteilung Innere Führung zur Politischen Bildung der Soldaten – zum ersten mal ein Beitrag anlässlich des 20. Juli veröffentlicht. Baudissin war zu diesem Zeitpunkt schon nicht mehr Unterabteilungsleiter. Als Textvorlage diente ein Auszug aus Heusingers autobiographischem Buch

---

[79] Baudissin 56,11, s.a. Handbuch Innere Führung, S. 36, Hervorhebungen von v.R. Dass Baudissin hierbei nicht militär-eigene Tradition meinte, erkennt man an den Hervorhebungen.
[80] Baudissin 56,11, s. ders. Handbuch Innere Führung, S. 36.
[81] Baudissin 56, 8, s.a. Handbuch Innere Führung, S. 73f.
[82] Baudissin 54,21, s. ders. 1969, S. 210.

„Befehl im Widerstreit" über ein Gespräch mit einem Kompaniechef im April 1945 im Harz.[83]

Es dauerte noch drei weitere Jahre, bis dass zum 15. Jahrestag am 20. Juli 1959 ein erster „Aufruf" vom Generalinspekteur Heusinger erlassen wurde. Er hatte sich dazu „Hilfe" von Baudissin eingeholt[84], der zu der Zeit als Brigadekommandeur in Göttingen stationiert war. Der „Aufruf" – der Begriff „Tagesbefehl" aus dem fernschriftlichen Vorbefehl wurde wieder gestrichen[85], obwohl dies der einzig richtige Begriff gewesen wäre, da Heusinger darin den bisher einzigen „Gedenktag" für die Bundeswehr gestiftet hatte[86] – erging an „alle Kommandeure".[87]

De Libero hatte in ihrer Arbeit zum Vorgang Trentzsch festgestellt, dass dieser nicht im Tagebuch von Baudissin vermerkt sei. Immerhin sei Baudissin als Unterabteilungsleiter inzwischen ja für Tradition zuständig gewesen. Wie jetzt zu sehen, ist das nicht ganz richtig. Die Dokumente aus Baudissins Nachlass weisen sowohl eine zumindest zweigleisig, wenn nicht gar konträr gelaufene geschichtliche Entwicklung der Arbeiten zu „Widerstand und 20. Juli" im Amt Blank und Ministerium aus und dabei vor allem auch eine inhaltliche Kontroverse über dieses Thema und dessen Bedeutung für die neuen deutschen Streitkräfte. Deutlich wird dabei, dass selbst von höchsten Stelleninhabern der neuen Bundeswehr[88] „Widerstand" nicht als traditionswürdig angesehen und gewünscht wur-

---

[83] Information für die Truppe 10/1958, S. 425-428: Zum 20. Juli.
[84] S. Baudissin 59,2 und ders. 59,5.
[85] Baur 2006, S. 252. – Interessant ist an diesem Aufruf, dass er auf Literatur aus den „Schicksalsfragen der Gegenwart" verweist, eine sechsbändige Ausgabe der Unterabteilung Innere Führung, verstanden als Hilfe zum „Suchen nach einer Antwort auf die uns gestellten Schicksalsfragen".
[86] S. Reuther S. 203f.
[87] Bundesministerium für Verteidigung, Innere Führung (Hrsg.): Schicksalsfragen der Gegenwart. Handbuch Politisch-Historische Bildung. Tübingen 1957/1964, hier: Zum Geleit vom Bundesminister Strauß.
[88] Hier sei z.B. auch auf Blank hingewiesen, der in seiner Eröffnungsrede für den Sonthofener Lehrgang kein Wort zum „Widerstand" verloren hat, s. VMBlatt 56,1, S. 1-4, desgleichen bei seinem Tagesbefehl anlässlich seines Ausscheidens, s. VMBlatt 56,5, S. 76, und auch auf Strauß bei seiner Amtsübernahme, s. VMBlatt 56,5, S. 77, der nur auf die „guten militärischen Traditionen unseres Volkes" verwiesen hatte.

de. In Anlehnung an Trentzschs Vortrag war Widerstand für die Mehrheit an den Schaltstellen des Aufbaus der Bundeswehr höchstens Teil einer unvermeidbaren Erinnerungskultur.

Im Gegensatz dazu war „Widerstand und 20. Juli" für Baudissin einer der wesentlichen Bezugspunkte für die geistige Neuausrichtung der künftigen deutschen Soldaten wie auch aller Staatsbürger. Die Bedeutung des Widerstandes für das Leitbild vom Staatsbürger in Uniform und überhaupt für die Innere Führung, d.h. als Traditionsquelle, könne daher, so Baudissin 1964, gar nicht überschätzt werden. Es ging ihm darum, die im Widerstand gezeigten Haltungen gegenüber Totalitarismus und für die Freiheit im Sinne einer hohen ethischen Verpflichtung allen Staatsbürgern, ohne und mit Uniform, verbindlich zu machen.[89]

„Widerstand" als verpflichtende Orientierungshilfe für die Zukunft der neuen Bundesrepublik und der neuen Bundeswehr kann man daher als fünften Aspekt für Baudissins Arbeit bezeichnen.

6. Appelle und öffentliche Bemerkungen zum 20. Juli – an die Truppe

Die bisher behandelte amtlich-ministerielle Arbeit von Baudissin findet ihre Ergänzung in einer Anzahl von Ansprachen, die er nach seiner Zeit im Amt Blank und Ministerium unmittelbar „an die Truppe" gehalten hatte. Dies sind besonders Appelle wie z.B. anlässlich von Vereidigungen[90] oder am Volkstrauertag[91] sowie an anderen Gedenktagen[92] gewesen, die er als Vorgesetzter durchzuführen hatte. Hinzu kamen auch einige Zeitschriftenbeiträge, mit denen er veröffentlichte Darstellungen und Fragen von einzelnen Soldaten

---

[89] S. Baudissin 64,7, S. 10. – Insofern ist das Fazit von de Libero verkürzt und falsch, dass es Baudissin im wesentlichen um das klare Bekenntnis zum Tyrannenmord und um einen platten Antikommunismus durch Gleichsetzung von NAZI-Staat und DDR ging, s. de Libero 2011 a.a.O. S. 204ff.
[90] S. Baudissin 56,16; ders. 56,18; ders 56,21; ders. 58,7.
[91] S. u. a. Baudissin 58,8; ders. 59,4; ders. 59,10; ders. 60,11.
[92] S. z.B. zum 200. Jahrestag der Nassauer Denkschrift Baudissin 57,5, s. ders. 1982, S. 96ff.

aufnahm. Im einzelnen werden dabei, wie auch nicht anders zu erwarten, immer wieder gleiche oder ähnliche Aspekte, Fakten, ja Selbstzitate gebracht. Dennoch unterscheiden die verschiedenen Reden und Beiträge sich, nicht nur wegen der jeweiligen Hörer- bzw. Lesergruppe – deutlich in ihren Grundfragen, ihrem Tenor und ihrer Botschaft. Dadurch rückt in diesen Aussagen über die Präzisierungen seiner Gedanken zum Thema Widerstand und 20. Juli hinaus jetzt auch die pädagogisch-didaktische Form des Umgangs mit dem Thema mehr in den Mittelpunkt des Interesses.

Zunächst fällt auf, dass Baudissin es ausdrücklich bedauerte, die Vereidigung seiner Unterabteilung 1956 – später auch die der Brigade – nicht am 20. Juli hatte stattfinden lassen zu können. Zum anderen gedachte er bei Feierstunden zum Volkstrauertag oder bei Vereidigungen immer auch der Opfer des Widerstandes und verband damit all die, „die im Widerstand gegen totalitäre Gewalt ihre Existenz wagten – vom 20. Juli 1944 über den 17. Juni 1953, in Budapest 1956, bis auf den heutigen Tag".[93] Bei einer Rede zum 200. Gedenktag der Nassauer Denkschrift ging Baudissin auch ausführlich auf den Hintergrund für den Widerstand gegen den Nationalsozialismus ein und auf die individuellen Nöte, die damit verbunden waren. Dabei würdigte er kurz einzelne herausragende Personen des Widerstandes und formulierte als Fazit: „In ihrem einmütigen Aufstand gegen die Gewalt haben die Frauen und Männer des Widerstandes erstmalig in unserer jüngeren Geschichte die gemeinsamen Grundlagen der freiheitlichen Überlieferungen wieder sichtbar gemacht und ihre Zusammengehörigkeit besiegelt. Damit stifteten sie eine neue Tradition der gemeinsamen Verpflichtung aller freiheitlichen Kräfte; ein Erbe, das wir nicht vertun dürfen, wenn wir nicht noch einmal – und diesmal wissend – schuldig werden wollen."[94]

Am 1. Juli 1958 trat Baudissin seinen Dienst als Kommandeur der Kampfgruppe in Göttingen an.[95] Ein Jahr später, zum 15.

---

[93] Baudissin 58,8, s. ders. 1969, S. 310.
[94] Baudissin 57,5; ders. 1982, S. 96ff.
[95] Gemäß Tagebuch 19/20.7.1958, verbrachte Baudissin die ersten 2 ½ Wochen mit der Vorstellungsrunde bei den Truppenteilen. Diese schloss er am 19. Juli mit seiner „Meldung" bei der Division in Gießen ab. Dabei erfuhr er, dass ab dem nächsten Tag seine Kampfgruppe „selbständig" sein werde – im Tagebuch ver-

Jahrestag des 20. Juli, war vom Generalinspekteur erstmals der fernschriftliche Vorausbefehl und der „Aufruf" an alle Kommandeure erlassen worden. Baudissin hatte Ergänzungen zum „Aufruf" für seine Brigade befohlen, sowie am 20. Juli selber eine Ansprache an die Brigade gehalten.[96] Auch wenn diese vier Dokumente aus Baudissins Warte zusammen zu betrachten und zu vergleichen wären, sei hier im wesentlichen nur auf seine Ergänzungen zum „Aufruf" sowie seine Ansprache „an die Truppe" Bezug genommen.

Die Ergänzungen zu Heusingers Vorbefehl stellen so etwas wie eine Sprachregelung für die Kompaniechefs und Bataillonskommandeure dar für den von Heusinger befohlenen Unterricht in den Kompanien. Baudissin verweist dazu auf den Wortlaut seiner letzten Vereidigungsansprache.[97] Von besonderem Gewicht ist dann seine abschließende Bemerkung, dass es nicht um „Rechtfertigung" gehe, vielmehr: „Die Menschen, deren Namen sich mit beiden Daten verbinden, verkörpern eine Haltung, die den Soldaten in einem geteilten Deutschland und angesichts der unvorstellbaren Folgen eines etwaigen 3. Weltkriegs zur Besinnung ruft und ermutigt."[98]

Baudissins Ansprache 1959[99] begann mit Zitaten aus Gesetzen und Verordnungen aus dem Frühjahr 1933, die die rasante Entwicklung Deutschlands in den NAZI-Unrechtsstaat belegen. Die weitere Entwicklung wird durch Zitate von prominenten Zeitzeugen wie Beck und Galen, Blaskowitz und Rommel, Tresckow

---

merkte er: „ein schönes und verpflichtendes Datum". Und am Sonntag den 20. Juli besuchte er zusammen mit seiner Frau Frau von Tresckow.

[96] Baudissin 59,5: Befehl zu Staatsbürgerlichen Unterricht am 20.7.1959 sowie ders. 59,6.

[97] Baudissin 59,4.

[98] Baudissin 59,5 das zweite Datum ist der Aufstand vom der 17. Juni 1953 in der damaligen Sowjetisch besetzten Zone Deutschland.

[99] Baudissin 59,6. Das Dokument dieser Ansprache enthält keinen direkten Hinweis, wo und vor wem sie gehalten wurde, zumal alle Kompanien ihren speziellen Unterricht zu dem Thema durchzuführen hatten. Einleitend sagt Baudissin aber: „Es ist gerade ein Monat her, da gedachten wir hier gemeinsam des Volksaufstandes in der SBZ." Damit bezog er sich auf die Vereidigung/das Gelöbnis für die neuen Soldaten der Brigade am 17. Juni 1959 in Göttingen. Damit sind Ort und Kreis der Teilnehmer beider Veranstaltungen identisch. Vermutlich hat Baudissin seine Ansprache vor den angetretenen Einheiten zum Abschluss des Gedenktages gehalten.

und Hoeppner belegt. Baudissin beendete dann diesen geschichtlichen Rückblick mit dem Hinweis auf das Vermächtnis des Widerstandes: „Der staatliche Neuaufbau der Bundesrepublik, der nach ihren Grundsätzen geschah, ist ihr später Lohn. … An diesem neuen Aufbau tragen wir alle gemeinsam die Verantwortung – für uns selbst und diejenigen, die auch heute noch hinter dem Eisernen Vorhang dem Zwang und dem Terror ausgeliefert sind."

Vor den deutschen Offizieren und Unteroffizieren bei AFCENT und LANDCENT in Paris hielt Baudissin eine weitere Ansprache am 20. Juli 1962[100] Zunächst betrachtete er die Geschehnisse u. z. die großen Zusammenhänge, um dann die Entwicklungen bei der Widerstandsgruppe um Stauffenberg in Berlin und in der Wolfsschanze nachzuzeichnen. Als zweites bei der Frage, wer denn zur Gruppen des Widerstandes gehört habe, widersprach er Hitlers Behauptung von der „ganz kleine Clique" anhand der Zahlen von etwa 7.000 Verhaftungen und fast 5.000 Todesurteilen im Zusammenhang mit dem 20. Juli. Dann kam Baudissins zu seinem Hauptanliegen: „Was sagt uns das?" Mit dem Verweis auf die Eidesformel sprach er die Soldaten darauf an, „dass Freiheit und Recht in einem Staat durch seine Bürger selbst bedroht sind: durch Trägheit und Gleichgültigkeit, durch Mangel an Wachsamkeit und Civilcourage, durch Opportunismus oder durch missverstandenen Idealismus.. Zum anderen erinnerte er sie mit dem Hinweis auch auf die Verhältnisse „hinter der Demarkationslinie", „wie unerträglich jede Gewaltherrschaft ist; aber auch wie schwer es ist, die einmal verlorene Freiheit wieder zurück zu erlangen." Und zum dritten warne die Geschichte „uns eindringlich vor dem Zu-Spät." Sein abschließender Appell lautete:

„Wir hier im freien Westen haben die unverdiente Chance, verhältnismäßig risikolos aus den bitteren Erfahrungen zu lernen und die freiheitlichen Traditionen[101] unseres Volkes ungehindert weiterzuführen. Gerade wir Soldaten dürfen sie nicht achtlos beiseite schieben, denn der Wille zur Verteidigung kann heute nur noch aus der Liebe zur Freiheit erwachsen; sie allein gibt Kraft und Be-

---

[100] Baudissin 62,3., s. ders. 1969 S. 55-71.
[101] Der Begriff „Freiheitliche Tradition" fällt zum ersten mal in dieser Ansprache.

rechtigung, notfalls die Existenz der Menschheit aufs Spiel zu setzen, um der Unfreiheit zu widerstehen."

In zwei individuell gehaltenen offenen Antworten ging Baudissin auch auf Veröffentlichungen ein, die er wohl nicht unkommentiert hatte stehen lassen können. 1961 hatte ein Stabsunteroffizier in der „Jungen Stimme" sich zu Wort gemeldet. Baudissins Antwort fällt ungewöhnlich „zornig" aus.[102] Unfassbar schien es ihm, dass selbst ein Stabsunteroffizier der Bundeswehr noch 1961 so einen „hasserfüllten" Ton anschlage, da alle Fakten über das NAZI-Regime auf dem Tisch lägen. Wer derartigen Gedanken anhänge, so Baudissin: „müsse(n) sich ernstlich überlegen, *ob er nicht besser nach „drüben" passe*, das heißt, in ein System, das jede menschliche und sittliche Verantwortung leugnet, das den Menschen zum gewissenhaften Kampfmittel, zum gefügigen Betriebsmaterial herabwürdigt." Dann aber – wieder freundlicher – ging Baudissin doch von einem „Missverständnis" aus und belehrte knapp und präzise über den Unterschied zwischen Widerstand und Gehorsamsverweigerung und darüber, dass unbedingter Gehorsam vom Bild eines gewissenlosen und vorbehaltlos funktionierenden Menschen ausgehe. Daher heiße, so Baudissin, für einen Christen, „er hat im Konfliktfall Gott mehr zu gehorchen als den Menschen. Das machte ihn bereits im heidnischen Rom so verdächtig."

Drei Jahre später ging Baudissin auch auf den Beitrag vom damaligen Oberleutnant Hermann Teske ein „Über den unbedingten Gehorsam" in der Zeitschrift Wehrkunde.[103] Baudissins Ausführungen lesen sich wie eine nachträgliche Lehrstunde im Offizierslehrgang zum Thema Befehl und Gehorsam, die Teske möglicherweise versäumt hatte:

Ausgehend von der These der militärischen Notwendigkeit für einen „unbedingten Gehorsam" definierte Baudissin diesen als „eine Befehlsgewalt bzw. Gehorsamspflicht, der keine rechtlichen Grenzen gesetzt sind." Dadurch würden alle Untergeben zum „blo-

---

[102] Baudissin 61,7 Aufstand gegen Gewaltsystem, Antwort auf einen Leserbrief, in: Junge Stimme vom 8.7.1961.
[103] Teske in Wehrkunde 4/64 S. 223f.; darauf antwortet Baudissin 64,6, s.a. ders, 1969, S. 175-177.

ßen Rädchen" nach dem Kriterium reibungslosen Funktionierens im Apparat. „Aber gerade diese Erscheinung, die wir in ihren zivilen Formen Bürokratismus oder Funktionärstum nennen, zerstört das so bitter notwendige Vertrauen zum Vorgesetzten ... Hat nicht allein derjenige Vorgesetzte in schwierigen, aussichtslos erscheinenden Lagen noch das volle Vertrauen, von dem die Untergebenen ahnen oder wissen, dass er notfalls eben nicht ‚unbedingt' gehorcht, d.h. ethisch, rechtlich und militärisch blind jeden Befehl ausführt, sondern dass er gewissenhaft führt und im äußersten Fall seinen Kopf für die Untergebenen und die höhere Sache opfert?" Diesen Ausführungen setzte Baudissin das Bild vom „Ungehorsam aus Gewissensnot" und dessen Bedeutung entgegen, ohne dabei direkt das Thema Widerstand anzusprechen. Damit lenkte er die Aufmerksamkeit auf die gesetzlichen Grundlagen der Bundeswehr für Befehl und Gehorsam und die dabei notwendigen klaren Unterschiede. Als Fazit setzte Baudissin: „Deshalb sehe ich in diesen Bestimmungen weniger eine Belastung als vielmehr einen Schutz des Untergebenen, dem hier ein Recht eingeräumt wird, nach der Rechtmäßigkeit des Befehls – und nicht nach der Zweckmäßigkeit – zu fragen und gegebenenfalls Folgerungen zu ziehen. Um es etwas zuzuspitzen, möchte ich sagen, ein derartiger Schutz ist eine Voraussetzung dafür, dass sich ethisch bestimmte Menschen in heutigen Streitkräften nicht ausgeliefert, sondern am Platz fühlen." Und damit kam Baudissin zum Kern der Frage aus einer Dialektik heraus: „Wie soll der Vorgesetzte die Verantwortung tragen, wenn er als Untergebener unverantwortlich handeln, d.h. unbedingt gehorchen muss?" Und er spitzt die Frage noch einmal zu: „Wie sollen Untergebene in der Lage sein, die berühmten unbegründeten Befehle sinnvoll und verantwortungsvoll auszuführen, wenn sie nicht aus Erfahrung – d.h. aus der Begründung von Befehlen, so weit und so lange sie möglich war – Haltung und Vorstellungen des Vorgesetzten kennen?"

Baudissin vertrat mit aller Klarheit und Präzision die spätestens 1959 vom Generalinspekteur Heusinger mit dem Gedenktag der Bundeswehr geschaffene Tradition des Widerstandes in Wort und Schrift in den Streitkräften. Baudissins Appelle drücken in Form und Aussage eine Verpflichtung für den Soldaten aus. Es sind die neuen freiheitlichen Werte, die Baudissin als Tradition aus dem

Widerstand zog und mit denen er sich vehement gegen alles Totalitäre wandte. Dass dabei für ihn auch noch andere Aspekte aus seiner Konzeption Innere Führung von Bedeutung waren, wird aus den Äußerungen an die neue Truppe deutlich. Immer mehr betonte er, dass derartiges mutiges Aufstehen kein singuläres Ereignis geblieben war, sondern sich nach 1945 auch an anderen Orten der Welt fortgesetzt habe. Das fordere daher ebenso zum ethischen Denken auf: Damit es nie wieder ein „Zu-Spät" gäbe. Wenn jedoch Stimmen gegen die Tradition des Widerstandes wieder laut wurden – auch 15 und mehr Jahre nach dem Attentatsversuch, als die historischen Fakten schon lange auf dem Tisch lagen –, machte ihn das ungehalten.

7. Ansprachen und Kommentierungen – in der Öffentlichkeit

Baudissin wurde – bis zu seinem Lebensabend – häufiger als Redner zu öffentlichen Feierstunden am 20. Juli[104] sowie für Besprechungen von Büchern über den 20. Juli[105] gebeten.

Die erste derartige Ansprache fand in Göttingen am 20. Juli 1960 statt.[106] Dort suchte Baudissin nach Gemeinsamkeiten, „die alle freiheitlich gesonnenen Bürger unseres Staates gleichermaßen verpflichten und verbinden", und damit „nach gültigen und hilfreichen Maßstäben gegenüber dem Alltag in Familie, Beruf und politischer Verantwortung." (S.95) Dafür sei der 20. Juli ein „Symbol" über „die eine, weitstrahlende Tat" hinaus „für Menschen, die in unlösbarem Konflikt zwischen sittlicher Verantwortung und Gehorsam gegenüber einem unsittlich gewordenen Staat ihrem Gewissen folgten". Sie seien eine Vielheit „von geistiger, gesellschaftlicher und politischer Herkunft, Erziehung, Beruf und Weltbild der einzelnen Widerstandskämpfer". (S 98) Sie haben gemeinsame Grundlagen der freiheitlichen Überlieferungen wieder sichtbar gemacht

---

[104] S. Baudissin 60,7; ders. 64,11; ders. 67,6; ders. 69,28; ders. 74,21; ders. 1984 (Helmstedt).
[105] S. Baudissin 64,7 sowie ders. 78,2.
[106] Baudissin 1960,7, s.a. ders. 1969, S. 95-102 – Zitate im Text sind nach dieser Quelle angegeben.

und damit ihre Zusammengehörigkeit besiegelt. „Damit stifteten sie eine neue Tradition der gemeinsamen Verpflichtung aller freiheitlichen Kräfte; ein Erbe, das wir nicht vertun dürfen, wenn wir nicht noch einmal – und diesmal wissentlich schuldig werden wollen." (S. 100) Daher gehöre auch zum Erbe des Widerstandes – und das ist ein neuer Gedanke bei Baudissin –, diese „Vielfalt der Meinungen" und „Traditionen" als eine Bereicherung zur Lösung der vielschichtigen Probleme unserer gewandelten Welt zu nehmen. Dazu käme – so ein Diskurs über Freiheit – dass im Weimarer Staat Freiheit und Recht durch die Bürger selbst bedroht waren u.z. nicht einmal so sehr durch die Antidemokraten, sondern eher durch die Ungeduldigen, die Menschenverächter, die Opportunisten, die Idealisten und die Reaktionären. Auch im „heute" sei die Freiheit ständig bedroht. Daher ginge es „um einen menschlichen Ordnungsbereich, den wir wieder neu zu durchdenken und zu deuten haben" (S. 101), und dazu Leitbilder und Modelle zu entwickeln. Dies sei für „uns … eine Pflicht zur Option für die Freiheit mit all ihrem Risiko". (S.102)

Aus Anlass des 20. Jahrestages des Attentatsversuchs war Baudissin aufgefordert worden, neben dem Gewerkschafter Ludwig Rosenberg die Festrede in der Bonner Beethovenhalle zu halten. In dieser viel beachteten Rede[107] ging es ihm um die Setzung einer generellen gesellschaftlichen Tradition: „Der 20. Juli – die deutsche Revolution" (S. 108). Die Bewertung der historischen Tat sei eindeutig: „Die Entscheidung dieser Menschen, für Freiheit, Menschenwürde und Recht alles, selbst den Vorwurf ehrlosen Verrates, auf sich zu nehmen …, begründete meine Hoffnung auf freiheitlich gesonnene Streitkräfte, in einem neuen Staate. Hier war eine Gewissensentscheidung getroffen worden, die ihre Rechtfertigung allein aus dem Gesetz sittlicher Verpflichtung bezog. Damit war ein Vorbild bester soldatischer Überlieferung vorgelebt." Seine eigene Betroffenheit und Konsequenz wird in der einleitenden Formulierung deutlich: „Gleich manchen anderen hätte auch ich nie wieder die Uniform anziehen wollen, wenn es nicht jene Soldaten gegeben hätte, die entgegen allen damals geltenden Begriffen und im Gegen-

---

[107] Baudissin 64,11, s.a. ders 1969. S 102-109. Veröffentlicht auch unter dem Titel: Soldaten dienen ohne Prestige. Zitate im Text sind nach der Quelle Baudissin 1969 a.a.O. angegeben.

satz zur überwiegenden Zahl ihrer Kameraden und Mitbürger ‚das Nessushemd anzogen', wie Henning von Tresckow es in einem seiner letzten Briefe ausdrückt." (S. 102f)[108] Als praktische Konsequenz entwickelte Baudissin daraus sein Plädoyer für „freiheitliche Traditionen" weiter, für die es neben dem Widerstand gegen den Nationalsozialismus in der deutschen Geschichte eine große Zahl von Überlieferungen gäbe, „um nie wieder in die ausweglose Lage zu geraten, wo Verantwortung Ungehorsam, wo Treue zum Volk Untreue gegenüber dem Staat und wo Gewissen Widerstand fordern". (S. 106) [109]Dies habe aber nicht nur Bedeutung für die Soldaten; denn – wie er seine Gedanken aus der Göttinger Rede von 1960 hier wieder aufnahm und präzisierte: „Im Widerstand gegen den Nationalsozialismus finden sie zum erstenmal zusammen und verkörpern sich in den vielen Frauen, Männern, Alten und Jungen aus allen Stämmen, Berufen, Schichten, aus fast allen politischen Lagern und Weltanschauungen. Die Breite dieser Traditionen entspricht dem Pluralismus, die gemeinsame Front gegen das Unfreiheitliche und die Entscheidung für das Menschliche den Aufgaben unserer Zeit. In ihrer Vielfalt des Herkommens, der Motive und des Verhaltens bieten sie jedem, der nicht totalitärem Denken verfallen ist, das ihm gemäße Vorbild." (S. 105)

Die generelle Bedeutung des Widerstandes gegen Hitler wird im Schlussgedanken deutlich: „Dieser Aufstand, der im Grunde eine großartige, – die – deutsche Revolution für die Wiederherstellung des abendländischen Menschenbildes im technischen Zeitalter war, hat den unauflöslichen Zusammenhang von Politik und Ethik wieder ins Bewußtsein gehoben." (S. 108) Neben Stolz und Dankbarkeit für das Zeichen des 20. Juli mahnte Baudissin aber auch an: „Für den Bestand unserer pluralistischen Gesellschaft und unseres freiheitlichen Rechtsstaates ist es entscheidend, ob sich in allen Le-

---

[108] Mit Tresckow, dem Kameraden aus dem Potsdamer Regiment, hatte ihn sehr viel verbunden. Der erwähnte Brief ist von Tresckow an Baudissin in die Gefangenschaft gerichtet gewesen. Im Rahmen der Fritsch-Affäre hatten Tresckow und Baudissin sich gemeinsam bei Ihrem Divisionskommandeur General v. Witzleben gemeldet und brachten offen ihre Bedenken vor. S.a. Baudissin 2001, S. 151, Brief Nr. 113 sowie Nerger 1995, S. 15.
[109] S. dazu auch Baudissin 69,28.

bensbereichen und Institutionen Menschen finden, die klar erkennbaren Leitlinien folgen und sich beispielhaft mit bestimmten Verantwortungen identifizieren. Für solch ein Leben hält die Geschichte des Widerstandes leuchtende Vorbilder bereit." (S. 108f)

Drei Jahre später war Baudissin nach München/Tutzing gebeten worden, bei der Gedenkstunde zum 20. Juli einen Festvortrag zu halten. Das Thema dazu lautete: „Nationalbewusstsein in der Welt von heute".[110] Angesichts der augenscheinlichen Verluste von Begriffen wie Nation und Nationalbewusstsein beobachtete Baudissin mit einem gewissen Erstaunen, dass die Welt 20 Jahre nach dem zweiten Weltkrieg wieder in einer Renaissance des Nationalbewusstseins befangen sei. Um diesem Phänomen nahe zu kommen, betrachtete er zunächst das Nationalbewusstsein der verschiedenen Gruppierungen des Widerstandes, dessen Vielfalt einer vermeintlichen Geschlossenheit und Einheitlichkeit widersprach. Ja, dies zu erwarten, wäre sogar eine Illusion und totalitär gedacht. Daraus zog Baudissin den Schluss: „Der Widerstand hat mit seinen Traditionen und Gedanken ein Rüstzeug hinterlassen, das wie kaum ein anderes bei der Bewältigung von Vergangenheit, Gegenwart und Zukunft dienlich sein kann. Die Mannigfaltigkeit der hier geschaffenen Traditionen bietet jedem – sofern er nur freiheitlich gesinnt ist – den ihm gemäßen Anknüpfungspunkt an ein menschliches Vorbild, dem er ohne Selbstaufgabe folgen kann."

Daraus entwickelte Baudissin ein Plädoyer für eine rationale Betrachtung, wie denn nun das Nationalbewusstsein beschaffen sein solle, um in der Welt von heute bestehen zu können oder „besser: uns in dieser Welt bestehen zu lassen." Dabei ging es ihm um Ziele und Methoden für die staatsbürgerliche Bildung. Der Staatsbürger müsse zum einen als Mündiger angesprochen werden, damit Verstand und Gefühl ganz von selber den ihnen gebührenden Platz erhielten, damit „der Verstand nicht zur Rechtfertigung der Emotionen mißbraucht werden" könne. Zum anderen mündeten seine Gedanken in vier Plädoyers, dessen drittes lautet: „Ich plädiere also für das ‚staatsbürgerliche Bewußtsein'. Es zeigt eindeutig die Rolle und auch die Weise, in der wir angesprochen werden; es zeigt die

---

[110] Baudissin 67,6.

Grenzen, innerhalb derer wir ansprechbar sind, aber auch den Bereich – nämlich die Staatsnation –, für den wir primär und unmittelbar Verantwortung tragen; es zeigt ferner, mit wem, aber auch gegen wen wir aufgerufen sind, und erlaubt eine sachliche Diskussion über Rechte und Pflichten im akuten Fall."

Zum 25. Jahrestag des 20. Juli sprach Baudissin im Hörfunk des NDR/Kultur zum Thema „Befehl und Gehorsam".[111] Einen wohl in der Luft liegenden Trend aufnehmend, ob mit diesem historischen Thema „20. Juli" nicht nun auch 'mal Schluss sein könnte, setzte Baudissin entgegen, auf geschichtlichem Hintergrund ein wenig über Gegenwart und Zukunft, d.h. „über unsere Haltung zu den politischen Fragen von heute und morgen" nachdenken zu wollen. Und noch einen weiteren impliziten Gedanken nimmt er dabei auf: Nicht alle Motivationen und Ordnungsvorstellungen und auch nicht alle Verhaltensweisen des Widerstandes seien für uns beispielhaft und hilfreich, ja einige seien, „von heute her gesehen, reaktionär; andere ließen sich nicht einmal in den Rahmen unserer Grundordnung fügen". Ohne diese Tagesfragen weiter zu vertiefen, kam Baudissin dann auf Maßstäbe zu sprechen, die aus dem Geschehen und den Haltungen des Widerstandes auch für unseren Rechtsstaat und seine moderne Gesellschaft Gültigkeit behalten haben. „Hier wurde [zwischen den verschiedenen Vertretern des Widerstandes] beispielhaft vorgelebt, wo Kompromisse notwendig sind als Voraussetzung menschlichen Zusammenlebens und wo sie Unheil stiften, weil sie die sittlichen und politischen Grundlagen jeden Zusammenlebens zerstören." Dies sei heute in einer pluralen Gesellschaft mit einer Vielfalt von Einzelentscheidungen genauso gefragt, um eine Demokratie lebensfähige zu gestalten. Es sei für ihn immer wieder bewegend zu lesen, wie sich in der Auseinandersetzung zwischen den politisch kontroversen Gruppen des Widerstandes eine Annäherung der Zukunftsvorstellungen entwickelten zu etwas, das Stauffenberg einmal „soziale Republik" genannt hatte.

Das Schema „Befehl – Gehorsam" – auch am Eid, am Widerstand und an Gehorsamsverweigerung festgemacht – sei aber

---

[111] Baudissin 69,28. Eine scheinbar nur etwas veränderte, aber Baudissins Denkansatz mehr entsprechende lautet: „Befehlen und Gehorchen".

kein spezifisch soldatisches Sonderproblem. Es gelte in entsprechender Form im Sinne der Verantwortungsethik überall im staatlichen und gesellschaftlichen Leben, auch heute. Für menschenwürdiges Zusammenleben in einer immer komplizierter werdenden Welt, bedürfe es eines mitverantwortlichen, kritischen Gehorsams, „der uns den potentiellen Unrechtsstaat von morgen und damit die Pflicht zum Widerstand ersparen soll".

Erneut, zum 30. Jahrestag, war Baudissin 1974 im II. Programm des Bayerischen Rundfunks „Über den Eid" zu hören.[112] Die Hauptfrage galt dabei den Maßstäben und Grenzen aus dem Eid für den Gehorsam. Dazu zeichnete Baudissin die Geschichte des Eides aus der Zeit des Mittelalters bis heute nach und interpretierte dabei besonders den Eid, den die Reichswehr – und darin auch Baudissin – noch am Tag von Hindenburgs Tod 1934 zu leisten hatte, sowie den der Bundeswehr, an dessen Entwicklung Baudissin persönlich mitgearbeitet hatte. Die Vereidigung am 21. August 1934 sei eine Überrumpelung der Wehrmacht gewesen. Nur wenige hätten sofort erkannt, dass sich dahinter eine Strukturrevolution verbarg, und daraus ihre Konsequenzen gezogen. Die überwiegende Mehrzahl der Offiziere hatte keine Bedenken, den Eid zu leisten. Sie ermöglichten damit die staatsstreichartige Machtübernahme Hitlers: „Wäre das Verhältnis zu Geschichte und Tradition noch intakt gewesen, hätte die Erkenntnis dämmern müssen, dass ein religiös bekräftigter Unterwerfungseid ein Widerspruch in sich ist; dass dies weder Vorbilder in der preussisch-deutschen Militärgeschichte hatte, noch mit christlichem Eidverständnis vereinbar war. So aber war es möglich, dass kritisches Nachdenken sich nur allzu bereitwillig durch Emotion überspielen liess." Ganz sicher gäbe es vielerlei Gründe für dieses Versagen, die nicht zuletzt im N.S.-System selbst lagen, das kaum eine Wahl ließ. – In diesen Aussagen Baudissins schwingt eine erhebliche Portion behutsamer Selbstkritik mit. Wann ihm dies alles bis zur Fritsch-Affaire 1938 langsam deutlicher geworden ist, ist aus den Dokumenten nicht zu ersehen.

In seinen Schlussgedanken befasste Baudissin sich noch einmal mit der bereits vorher angedeuteten Frage an die Politiker,

---

[112] Baudissin 74,21.

ob Vereidigungen in einer fortschreitenden Säkularisierung der Gesellschaft überhaupt noch zum Charakter des Staates passe. Um das Dienstverhältnis zu sichern, genüge es, die besonderen Rechte und Pflichten gesetzlich für die Berufsgruppen festzulegen und für einzelne Funktionen Vorschriften und Dienstanweisungen als Basis für den jeweiligen Dienstvertrag zu erlassen. Alles was darüber hinausgehe, schien ihm aus rechtsstaatlichen Gründen fragwürdig.

Die letzte große öffentliche Rede zum 20. Juli hatte Baudissin 1984 in Helmstedt gehalten.[113] Für die Generationen der spät und danach Geborenen ist diese Zusammenfügung aus den bisherigen Gedanken zum 20. Juli und Widerstand, zu dessen Vorgeschichte, seiner Umwelt und dem Pluralismus seiner Mitglieder, eine lesenswerte geschichtsphilosophische Betrachtung und Deutung. Damit wollte Baudissin den Opfern in Widerstand und Krieg einen späten Sinn geben. Denn „erst der Widerstand schuf legitime Voraussetzungen, an die beim Neubeginn anzuknüpfen sich lohnte". Dies führte Baudissin zu einer märtyrervergleichbaren Beschreibung: „Widerstand leisten bedeutet nicht nur sich selbst, die eigene berufliche Zukunft, den eigenen Ruf, das eigene Leben einzusetzen, sondern auch das seiner Familie und seiner Freunde, auf deren Da-Sein ein Widerstandleistender, der sich zum Handeln entschließt, in höchstem Maße angewiesen ist."

In einem weiteren Gedanken nahm Baudissin Erkenntnisse aus seiner Friedensforschung auf, dass die geistige Vorgeschichte des Nationalsozialismus auf einem allgemein menschlichen Unvermögens beruhe, mit Konflikten zu leben, d.h. sich auf ihre humane

---

[113] 1984 Zum Widerstand / Ohne den Widerstand wäre der Neubeginn unmöglich gewesen, in: Helmstedter Beiträge: Widerstand und Opposition in Deutschland. Helmstedt 1985, S. 3-12. S.a. in: Frankfurter Rundschau vom 19.7.1984 Nr. 166, S. 15. – Es mag in dieser Reihe von regelmäßigen großen Gedenkveranstaltungen erstaunlich sein, dass im Jahr 1979 von Baudissin keine Ansprache o.ä. gehalten worden sein soll. Im Jahr davor hatte er noch das Vorwort zu Reynold: Ludwig Beck geschrieben. Aus seinem Terminkalender entnehmen wir, dass Baudissin in diesen Julitagen in Mexiko bei der Pugwash-Konferenz war. Aber auch in dem sozusagen ungeraden Gedenkjahr 1989 ist von ihm kein Beitrag erschienen. Der Terminkalender für dieses fehlt leider im Nachlass. Im Terminkalender 1994, im Jahr nach Baudissins Tod, hatte die Gräfin den 20. Juli aber besonders angezeichnet.

und rationale Regelung, d.h. auf Gewaltverzicht einzulassen. „Die Überlebenschancen hängen also von der Konfliktfähigkeit der Menschheit ab. Friedensfähig ist nur noch derjenige, der seinem jeweiligen Konfliktgegner mit einem Minimum an Empathie als Gleichberechtigtem begegnet und die stets unbefriedigenden Regelungsprozesse als Konsequenz des Gewaltverzichtes akzeptiert. Diese Regel gilt für alle Ebenen menschlicher Existenz; denn über Krieg und Frieden, über das Zusammenleben nach verbindlichen Normen und Verfahrensweisen wird von allen mitbestimmt."

Als Schluss nahm er den Gedanken aus der Ansprache von 1964 wieder auf, einem möglichen Rückfall in die Ausweglosigkeit einer Existenz unter totalitärer Herrschaft vorzubeugen. Diesen Gedanken präzisierte er:

- „wie eine konsequente Erziehung zur Konfliktfähigkeit in Elternhäusern, Schulen und im Rahmen der Erwachsenenbildung gefördert werden kann. Dabei sollte es nicht nur um Vermittlung, sondern auch um ganz konkrete Einübung gehen.
- wie die politischen Parteien die Sorgen kleinerer gesellschaftlicher Gruppen ernst nehmen und sich rechtzeitig zu eigen machen könnten.
- wie oppositionelle Gruppen ohne konkrete Einflußchancen davon überzeugt werden können, wie gefährlich es wäre, in einen Rechtsstaat mit unendlich vielen Möglichkeiten zur Demonstration von Sorgen, Widerstandscharakter für sich zu beanspruchen.
- wie bei der Suche nach Traditionen als Lebens- oder beruflicher Hilfe gerade der Widerstand in seiner Mannigfaltigkeit adäquate Vorbilder bietet."

Im Abstand von knapp 15 Jahren hatte Baudissin sich auch zu zwei Büchern zum Widerstand ausführlich geäußert. Das erste war 1964 im Vorwort zur deutschen Übersetzung von „The July

Plot" der beiden britischen Verfasser Fraenkel und Manvell.[114] Baudissin ging es immer um eine Neubesinnung, „eine neue Ordnung zu entwerfen" und nicht nur einige Akzente zu setzen, d.h. ein Menschenbild und seine Ordnung mit Recht und Freiheit zu entwickeln, „die den Bedrohungen des Totalitären und Technischen standhält und menschenwürdige Existenz in einer gewandelten Welt ermöglicht". Darin sah er die wesentliche Bedeutung des 20. Juli und des Widerstandes. „In diesem Aufstande bündeln sich sichtbar die vielen Linien freiheitlichen Denkens; sie lassen sich weit zurückverfolgen und rufen zur Nachfolge auf." Das Vorbildliche und Verpflichtende darin sei für ihn, „daß Menschen ohne Aussicht auf greifbaren Erfolg, ja oft nicht einmal mit der Aussicht, gehört und bemerkt zu werden, ihrem Gewissen folgten und sich dem Strom entgegenstemmten."

Auch der Findungsprozess für neue Traditionen selber hatte für Baudissin Traditions-Bedeutung, in dem in einer unüberschaubar gewordenen Welt gemeinsam anerkannte Überlieferung allgemeinverbindliche Wertvorstellungen geschaffen werden. Traditionen seien nicht einfach vorgegeben, um wahllos hingenommen zu werden. Traditionen entstehen im täglichen Ringen mit den Aufgaben der Gegenwart immer wieder neu. Sie suchen ihre Bestätigung in Vorbildern der Vergangenheit und erinnern an Zeiten und Gestalten, die ähnlichen Problemen gegenüberstanden. „So hat Tradition, meine ich, mehr mit der Grundhaltung der Lebenden, mit ihrer besonderen Situation und mit ihren Vorstellungen von der Zukunft zu tun als mit der Vergangenheit." (S. 7f) Daraus ergebe sich dann eine verheißungsvolle „Einheit in Vielfalt" von verschiedensten, oft gar nicht mehr bewussten und definierbaren Überlieferungen.

Das andere Buch, Nicholas Reynolds „Ludwig Beck"[115], hatte Baudissin 1978 besprochen. Angesichts eines inzwischen deutlichen inneren Abstands der überwiegenden Mehrheit der westdeut-

---

[114] Baudissin 64,7 Vorwort, zu: Heinrich Fraenkel und Roger Manvell: Der 20. Juli. Berlin, Frankfurt, Wien 1964, S. 7-11.
[115] Baudissin 78,2 Widerstand aus Gehorsam - Die Wandlung des Generals Ludwig Beck
Buchbesprechung zu Nicholas Reynold: Ludwig Beck. Gehorsam und Widerstand. Wiesbaden München, 1977.

schen Bevölkerung und speziell der jungen Generation gegenüber dem deutschen Widerstand gegen Hitler und das NAZI-Regime einerseits, sowie in einer Abgrenzung gegenüber den "konservativen deutschen Historiker(n)", die "Beck [nur] als Mann des Widerstandes" und nicht als Militär darstellten, würdigte Baudissin Becks „leidvollen Lernprozess, in dem er „die politischen Dimensionen – auch die des eigenen Tuns – stets zu spät entdeckte". So scheiterten schließlich alle seine Umsturzpläne, „weil die Wirklichkeit seine gesellschaftlichen, staatlichen und internationalen Ausgangskonzepte längst überholt hatte". Becks Wandel verdiene jedoch höchste Bewunderung. „Er vollzieht sich in der Verantwortung, die Beck nicht einmal gesucht und die im Gegensatz zu seiner idealistischen, unpolitischen Grundhaltung steht." Damit knüpfte Baudissin eine Verbindung von Beck zu den heutigen „Staatsbürgern in Uniform". Diese seien durch das Bild Becks – und darin verbirgt sich dann auch ein Stück Selbstbild von Baudissin – dazu aufgefordert, „über die Taktik nicht Strategie und Sicherheitspolitik und vor der Pflicht zu politischer Zurückhaltung als Vorgesetzte nicht die politischen Alltagspflichten als Staatsbürger zu vernachlässigen", das heiße, sich „des eminent politischen Charakters ihres dienstlichen Tuns und Lassens" immer bewusst zu sein.

Baudissin hatte sich seit seinen ersten Tagen im Amt Blank ständig mit anderslautenden Gedanken zum Widerstand bis hin zu dessen Ablehnung öffentlich und schriftlich auseinandergesetzt. Zwei derartige Kommentierungen ergaben sich für ihn aus dem Missverständnis von Widerstand.

In einem offenen Brief an die Wochenzeitschrift Kommentare auf einen dort abgedruckten ebenfalls offenen Brief[116] stellte

---

[116] Im Sommer 1953 hatte der Bundesjugendringes einen umfangreichen Fragenkatalog zu Widerstandsrecht und Befehlsverweigerung an das Amt eingereicht. Baudissin hatte dazu für das Amt Stellung zu nehmen, s. Baudissin 53,17. Der Bundesjugendring veröffentlichte dies in der Wochenzeitschrift „Deutsche Kommentare". Ein Leser, Herr Günter Varges aus Berlin, nahm daraufhin seinerseits in einem offenen Brief in den Kommentaren Stellung zu Baudissins Antworten. Dies wiederum veranlasste Baudissin im Dezember 1953 zu einer kurzen und das Thema präzise ausleuchtenden Replik „Die Rechte des Soldaten", s. Baudissin 53,26.

Baudissin 1953 bezüglich eines Widerstandsrechts unmissverständlich klar: „Die Zuschrift von Herrn Varges geht insofern von einem Missverständnis aus, als er unter ‚Widerstandsrecht' etwas anderes versteht als die Dienststelle Blank in ihrer Antwort auf den Fragenkatalog des Bundesjugendringes." Widerstandsrecht sei nach Auffassung des Amtes „politisches Selbsthilferecht, das nur als Verteidigung gegen die Willkür einer despotischen oder totalitären Staatsführung anzuerkennen ist, welche die Grundrechte der Persönlichkeit aufgehoben hat. Ein solches Widerstandsrecht ist aber in den Streitkräften eines demokratisch regierten Rechtsstaates überflüssig und sinnwidrig."

Was hier von Baudissin vielleicht noch begrifflich unpräzise als Widerstandsrecht im Gegensatz zur Verantwortung jedes Staatsbürgers [aus ethischen Gründen] angesprochen wird, wurde 1968 in Artikel 20,4 in das Grundgesetzes aufgenommen, das Recht zum Widerstand gegenüber jedermann, der es unternimmt, die demokratische Grundordnung zu beseitigen, wenn andere Abhilfe nicht möglich ist.

Vierzig Jahre nach „Varges" und 15 Jahre nach Einführung des Artikel 20,4 ins Grundgesetz hatten sich „Radikaldemokraten", so bezeichnet von Günter Grass, um namhafte Intellektuelle, u.a. Grass selbst, als „Heilbronner Friedensrat" geschart, um nach Möglichkeiten und Mitteln außerhalb der demokratischen Wege für praktisches „Widerstandlernen und -Üben" bis hin zum „zielbewussten Widerstand gegen die Bundeswehr zu suchen, um damit den NATO-Doppelbeschluss zu verhindern. Im Dezember 1983 wurde Baudissin um eine Stellungnahme gegenüber den Vertretern dieser sogenannten Heilbronner Bewegung gebeten. Er nahm die Einladung – wie er sagte – gern und doch mit einigen Bedenken an.[117] Einleitend stellte er fest: „Wer sich im Dritten Reich zum Widerstand gezwungen sah, weil es rechtsstaatliche Möglichkeiten zur Meinungsbildung und -äußerung nicht gab, wird diesen Aufruf [der

---

[117] S. Baudissin 1983/1984 Bemerkungen zum Aufruf der Heilbronner Bewegung vom Dezember 1983 (MS vom 2. Februar 1984 mit Überarbeitung) –; veröffentlicht: Eine Wiederauflage der Reichswehr sollten wir uns ersparen, in: Franz Borkenhagen (Hrsg.): „Wehrkraftzersetzung". Offiziere äußern sich zur Heilbronner Erklärung. Reinbek 1984, S. 15-24.

Heilbronner Bewegung vom Dezember 1983] mit Verwunderung lesen." Denn: „Wir leben in einem Rechtsstaat, in dem jeder Bürger in der Lage ist, seine Meinung ohne unzumutbares Risiko zu artikulieren. ... Das ist anstrengend, oft frustrierend und für manchen weniger befriedigend, als sie [die Demokratie] durch weithin sichtbare Widerstandsübungen in Frage zu stellen. Aber die Anstrengung lohnt sich. Sie kann uns nämlich davor bewahren, wieder in eine Lage zu geraten, in der Widerstand tatsächlich zum letzten Ausweg wird."

Baudissins „Bemerkungen" zu diesem Aufruf gerieten zu einer politisch-praktischen Auseinandersetzung um das Thema Widerstand allgemein, in einer Demokratie sowie speziell in der damaligen Situation in Deutschland Anfang der 80er Jahre. Die Gegebenheiten 1944 und 1984 seien überhaupt nicht vergleichbar und „die Soldaten seien die falschen Adressaten" für die angedachten Aktionen. Mit Widerstand habe das alles nichts zu tun, dazu fehle jegliche politisch-praktische wie juristisch-ethische Grundlage: „das Recht auf Widerstand besteht nicht gegenüber angeblichen Fehlentscheidungen des Parlaments oder der Exekutive."[118]

In seinen Ansprachen und Kommentierungen im öffentlichen Raum hatte Baudissin die Freiheit, mit einem generellen Ansatz sich speziell an die Gesellschaft und den Staat zu wenden, die er sehr bewusst nutzte. Zunächst fallen die verschiedenen thematischen Schwerpunkte seiner Ansprachen und Bemerkungen auf, an denen er vertiefend und präzisierend seine Gedanken zu Widerstand als Traditionsansatz weiter entwickelte. Natürlich gelten die Ausführungen auch für die Soldaten der Bundeswehr. Dennoch ist es nicht nur zufällig, dass Baudissin ganz gezielt die Gesellschaft anspricht. Tradition des Widerstandes ist für ihn eine Frage der Neubesinnung der Gesellschaft auf verlässliche Werte, die er auf verschiedenen Ebenen immer wieder betonte. Er weitet dies aus zu einem umfassenden sittlichen-ethischen Ansatz, „... um nie wieder in die ausweglose Lage zu geraten ...", dass der Traditions-

---

[118] Baudissin 1983/1984, MS S. 4. Dazu auch der Briefwechsel Baudissin – Grass s. BDZ 110006 und 801033. 1990 verdichtete Baudissin seine Äußerungen noch einmal in einer Zusammenfassung von Beiträgen „Zu sicherheitspolitischen Fragen".

Findungsprozess selbst ein Akt der Tradition im Sinne des Widerstandes sei, und dass Traditions-Bildung durch konsequente Erziehung zur Konfliktfähigkeit in Elternhäusern, Schulen und im Rahmen der Erwachsenenbildung bis hin zur „Politischen Bildung" eine generelle Aufgabe sei.[119] Dabei ging es ihm besonders um

- die Neubesinnung auf Freiheit als Letzt-Begriff;
- Freiheitliche Tradition und, dafür einzutreten, als staatsbürgerliche Pflicht;
- das Vorbildliche des Widerstandes, das er gerade in dessen offensichtlicher Chancenlosigkeit sah;
- die Vielfalt der Meinungen im Widerstand, um die „Einheit in Vielheit", deren Tradition in einer pluralen Gesellschaft etwas Positives sei;
- Friedensfähigkeit, d.h. mit Konflikten leben zu können und sich auf ihre humane und rationale Regelung d.h. auf Gewaltverzicht einzulassen;
- die Sorge der politischen Parteien um kleinere gesellschaftliche Gruppen;
- oppositionelle Gruppen ohne konkrete Einflusschancen davon überzeugen zu können, wie gefährlich es wäre, in einem Rechtsstaat mit unendlich vielen Möglichkeiten zur Demonstration von Sorgen ein Widerstandsrecht für sich zu beanspruchen.

In manchen Beiträgen spürt man auch eine Art Selbstbetroffenheit Baudissins: Sei es das eher still-schweigende Bekenntnis, bereits bei der Vereidigung der Reichswehr 1934 nicht selber aufgemerkt zu haben. Sei es, gelinde gesagt, eine Verärgerung über Unverbesserliche oder andererseits über den Missbrauch von „Widerstand" gegen den demokratischen Staat.

Damit ist für Baudissin noch ein sechster Aspekt hinzuzufügen: Widerstand als allgemeine Orientierungshilfe für die Gesellschaft und den Staat der Bundesrepublik Deutschland.

---

[119] Dazu s.a. Bald 2014 a.a.O.

8. Fazit: Das Heute für morgen

Seit dem Jahr 2008 findet regelmäßig in Berlin am 20. Juli im öffentlichen Raum die Vereidigung bzw. das Gelöbnis von Rekruten der Bundeswehr in einer großen Zeremonie statt. 2010 sprach dort Ewald-Heinrich von Kleist, der damals wohl letzte noch lebende aktive deutsche Widerstandsoffizier und Teilnehmer am Umsturzversuch vom 20. Juli 1944. Mit diesen Veranstaltungen soll betont des Widerstandes gegen Hitler und das Nazi-Regime als traditionsgebendes Ereignis vor den politischen Eliten, den Medien und der Bevölkerung gedacht werden. Damit wurde bewusst oder weniger bewusst die Setzung des bisher einzigen „Gedenktages" der Bundeswehr durch den ersten Generalinspekteur nach 50 Jahren wieder aufgenommen und das Beispiel von Baudissins Vereidigungen in Verbindung mit dem Gedenken des Widerstandes neu belebt – auch wenn Baudissin sich immer gegen den Show-Charakter von Vereidigungen und Gelöbnis ausgesprochen hatte.

Mit gleicher Regelmäßigkeit treten dabei auch Gegner dieser öffentlichen Veranstaltung auf den Plan, so dass diese regelmäßig durch ein großes Aufgebot von Polizisten und durch erhebliche Absperrmaßnahmen geschützt werden muss. – Dieses paradoxe Spektakel rüttelt zweifach an Baudissins Grundgedanken zur Inneren Führung: hier ist nicht nur das Verständnis vom Staatsbürger in Uniform als die eine Seite der derselben Medaille „Staatsbürger" – auch ohne Uniform – aufgehoben; zugleich wird ein Zerrbild von Widerstand in der Demokratie öffentlich als Gegenkultur zelebriert. Der „Widerstand" als sinnstiftendes Ereignis für die deutsche Demokratie bleibt dabei auf der Strecke.

Damit stellt sich die Frage, ob der 20. Juli „heute unwidersprochen zum Traditionsverständnis der Bundeswehr"[120] zählt, die de Libero bejaht, oder ob das nicht nur eine neue Mythenbildung ist. Man wird dabei nämlich zu unterscheiden haben, welches Bild von Tradition des Widerstandes gemeint ist: „Widerstand" als Teil einer unvermeidbaren Erinnerungskultur, um „das Gewissen zu schärfen", der Hansen-Formel entsprechend, die auch Trentzsch

---

[120] Libero, Loretana de: Trentzsch, die Bundeswehr und das Attentat auf Hitler, hier: S 209.

letztlich vertreten hatte[121], oder Baudissins Verständnis eines kodifizierten und damit im Sinne des Leitbildes vom Staatsbürger in Uniform verpflichtenden Traditionsangebotes für die Bundeswehr, das auch für die ethische und moralische Entwicklung der gesamten Gesellschaft und des Staates Bedeutung hat.

Baudissin hatte stets für Bundeswehr-eigene Traditionen plädiert und dabei betont, dass, im Falle man wolle auch auf Vorbilder aus der Zeit vor 1945 zurückgreifen, es die Männer und Frauen des Widerstandes sein müssten. Mit ihnen werden uns Menschen nahe gebracht, die ihre Existenz und ihre Familien für das wagten, was heute die Grundwerte unserer Verfassung sind.[122] Dafür steht als Lehre aus dem Widerstand Baudissins Antwort: „... um nie wieder in die Ausweglose Lage zu geraten ..."[123].

Dies beinhaltet

- ein gewissengeleitetes Individuum, d.h. mit transzendentaler Bindung und damit Verantwortung, verantwortlichem und gewissenhaftem Gehorsam sowie daraus sich ergebenden Konsequenzen,
- einen „Sittlichen Fundus", dass auch der Soldat Achtung vor dem Mitmenschen hat,
- ein informiertes Gewissen aus politischer Bildung, Rechtsausbildung sowie Sachkompetenz,
- eine Fähigkeit, die dialektische Spannung von Vertrauen und Kritik fruchtbar zu machen, sowie
- eine Auswahl von Traditionsangeboten, die für Frieden und Freiheit, für die Zukunft von Gesellschaft und Staat von Bedeutung sind.

---

[121] Wie Reuther a.a.O. S. 197 feststellt, hatte Baudissin sich gegen die Hansenformel und damit gegen Trentzschs „Verstehen" gewandt.
[122] Baudissin 81,13, MS S. 1. S.a. Baudissin im Brief an Gen v. Scheven v. 12.10.1989.
[123] Baudissin 64,11, s.a. ders. 1969, S 106. S.a. ders. 1983/84, MS S. 2. S.a. ders. 1984, MS S. 13.

Dass der Widerstand nicht in dem von Baudissin intendierten Maße als Erbe zur Sinnstiftung in der Bundeswehr und in der Gesellschaft beitragen würde, wurde ihm bereits früh bewusst.[124] Inzwischen hatte in der Gesellschaft heftige Kritik an den Konservativen des Widerstandes eingesetzt. Der von ihm erhoffte Besinnungsprozess in der Gesellschaft hatte nicht eingesetzt. Damit schien es ihm auch fragwürdig, „etwas in der Bundeswehr betreiben zu wollen, wofür offenbar bei weiten Teilen der Öffentlichkeit und somit bei der Masse der Wehrpflichtigen wie Reservisten kein Verständnis erwartet werden kann."[125]

In seiner Lebensrückschau in der Abschiedsvorlesung an der Bundeswehruniversität Hamburg von 1986 nahm Baudissin auch zu den Entwicklungen des Traditionsangebotes „Widerstand" in Gesellschaft und Bundeswehr Stellung. Danach bestanden von Anfang an in der Bundeswehr gegen diese Tradition Bedenken. Schlimmer traf ihn aber das „heute": „Die Tändelei mit den Widerstandsgedanken gegen den Rechtsstaat, die wir heute erleben, unterstreicht, wie ich meine, die Notwendigkeit, sich im Rahmen der politischen Bildung mit Rechts- und Unrechtsstaat, mit Loyalität und Widerstandspflicht auseinanderzusetzen." [126] Sein Schluss daraus ist politisch-weitblickend und kaum zu übertreffen, dass dies Anlass sein müsse, „sich über Wesen und Gefährdung der Demokratie Gedanken zu machen".

Es ist sicher nicht zu bezweifeln, dass die insgesamt „sehr verhaltene" Behandlung des Themas "Widerstand" im Amt Blank und im Ministerium, dabei besonders von Trentzsch in seinem Vortrag in Sonthofen, vielen älteren Soldaten den Weg in die und in der Bundeswehr einfacher gemacht, ihnen „zu einer positiven Einstellung gegenüber der Bundeswehr" verholfen hat.[127] Damit hatte sich

---

[124] Baudissin 72, 27; ders. 1982, S. 184.
[125] Baudissin 1979, S. 190. S a. ders. 81,13. S.a. a.a.O. S. 156.
[126] Baudissin 1986, S.a. Baudissin 2001 S. 273.
[127] Harder a.a.O. S. 117. - Dabei ist Harder in der Bw-offiziösen Veröffentlichung über „Tradition und Reform" einer selektiven Quellenwahrnehmung unterlegen, da er in seinem Artikel über die Traditionspflege in der Bundeswehr 1956-1972 Baudissin nur einmal bemüht, nämlich als Autor seines Artikels zum Kriegsbild (s. Harder S. 101).

aber auch das Thema Widerstand spätestens seit Anfang der 60er Jahre bis in das neue Jahrtausend „erledigt". Ob und wie da wieder etwas zu beleben sein wird, was 50 Jahre immer mehr verschüttet worden war, ist die Frage, der die heutige Generation in Bundeswehr und Gesellschaft sich stellen muss.

52,10

Gesichtspunkte zur Frage des Rechtes auf Kriegsdienstverweigerung

Referat auf der Tagung der Evangelischen Akademie Hessen-Nassau „Gewalt und Gewaltlosigkeit", am 5.-7. Dezember 1952.

Im Tagungsprotokoll S. 26 heißt es:

Wer sich generell oder persönlich nicht anerkannt findet, steht vor der ernsten Frage, sich zu beugen oder Widerstand zu leisten. Der Christ hat nur das Recht zum Widerstand, wenn es um Bekenntnis oder Verkündigung geht. Pflicht zur Kriegsdienstverweigerung, Recht auf Widerstand und Verweigerung rechtwidriger Befehle sind drei verschiedene Dinge, die auseinandergehalten werden müssen.

53,26
Antwort auf den offenen Brief an die DEUTSCHEN KOMMENTARE von Günter Varges, Berlin v. 28.11.1953: Die Rechte des Soldaten

Die Zuschrift von Herrn Varges geht insofern von einem Missverständnis aus, als er unter „Widerstandsrecht" etwas anderes versteht als die Dienststelle Blank in ihrer Antwort auf den Fragenkatalog des Bundesjugendringes. „Widerstandsrecht ist nach Auffassung der Dienststelle politisches Selbsthilferecht, das nur als Verteidigung gegen die Willkür einer despotischen oder totalitären Staatsführung anzuerkennen ist, welche die Grundrechte der Persönlichkeit aufgehoben hat. Ein solches Widerstandsrecht ist aber in den Streitkräften eines demokratisch regierten Rechtsstaates überflüssig und sinnwidrig. Da wir in einem Rechtsstaat leben, der die Rechte seiner Staatsbürger achtet, entzieht sich das Problem des Widerstandsrechts tatsächlich einer Diskussion.

Losgelöst hiervon steht das Problem des Rechts auf Befehlsverweigerung. Der Untergebene braucht unverbindliche Befehle nicht zu befolgen. Ist ein Befehl wegen seines verbrecherischen Charakters unverbindlich, so darf der Untergebene, wenn er dies wusste, nicht gehorchen.

Damit ist nicht nur ein Recht, sondern unter bestimmten Voraussetzungen eine Pflicht zur Befehlsverweigerung statuiert, so dass das Bedenken von Herrn Varges hinfällig sein dürfte.

Schliesslich sei noch gesagt: Die Garantie für den Staatsbürger, „dass sein Staat ein ‚demokratisch regierter Rechtsstaat' bleibt", das eben ist die Aufgabe, und das liegt in der Verantwortung eines jeden Staatsbürgers in der Demokratie, und dazu gehört in jeder Lage, nicht nur als Soldat, „Zivilcourage".

56,11
Gedanken am 20. Juli [1956]
Der erste offizielle Erlass zum 20. Juli für die Bundeswehr

Einführung:

„Der Soldat ist in seinem Gewissen gebunden an unvergängliche sittliche Gebote. Im Bewußtsein überzeitlicher Verantwortung achtet er die Rechte des Nächsten und dessen religiöse und politische Überzeugung. Aus solcher Einstellung muss der künftige Soldat die Gewissensentscheidung der Männer des 20. Juli 1944 anerkennen. Dies wird er verbinden mit der Achtung vor ihnen und vor den vielen anderen Soldaten, die in Gefühl der Pflicht ihr Leben bis zum Ende eingesetzt haben" (aus den Richtlinien des Personalgutachter-Ausschusses).

Grundsätzliches:

1.) Widerstand ist kein speziell soldatisches Problem; es hat daher nichts mit Gehorsam, Ungehorsam, Befehlsverweigerung usw. zu tun. Es ist vielmehr eine sittlich-politische Frage, die unter ganz bestimmten Umständen auch an den Soldaten – nicht etwa nur an den höchsten – wie an jeden anderen Staatsdiener und Staatsbürger herantritt.

2.) Widerstand ist kein politisches Normalverhalten, sondern nur dann gegeben, wenn der Rechtsstaat zum Unrechtsstaat geworden ist und legale Wege zur Abstellung unerträglicher Mißstände und Gefahren versperrt.

3.) Die Legitimierung des Widerstandes gegen das Dritte Reich ist daher keine Untergrabung der Schlagkraft der Bundeswehr oder Bedrohung der Bundesrepublik, sondern vielmehr Gerechtigkeit gegenüber Geschichte und Menschen, Hinweis auf Verteidigungswerte, Appell zur sittlichen Bindung und Aufruf zu staatsbürgerlicher Verantwortung.

Das Recht auf Notwehr gegen rechtswidrigen Angriff ist keine Aufforderung zu rechtswidrigem Tun oder gar seine Legitimierung.

4.) <u>Anerkennung</u> der Berechtigung und der Motive der Widerstandsbewegung <u>bedeutet nicht</u>

(1) <u>identifizieren</u> mit Menschen unlauterer Gesinnung und fragwürdiger Zielsetzung, die es, selbstverständlich – wie auf der anderen Seite – auch im Widerstandslager gab;

(2) eine <u>sittliche Abwertung</u> derjenigen, die in gutem Glauben bis zum Zusammenbruch dem System gehorchten.

<u>Die Einzelnen:</u>

Heute interessieren gewöhnlich nicht Haltung und Tun des Einzelnen in der Ausweglosigkeit des dritten Reiches, sondern seine Beweggründe:

1.) Die <u>damals Widerstand</u> leisteten, wissen, dass ihnen

die Erkenntnis vom Charakter des Systems,

die Einsicht in seine Untaten,

der Entschluss zum Widerstand,

die Möglichkeit zur aktiven Beteiligung

unter Verhältnissen zuwuchsen, die nur für relativ wenige Menschen galten.

2.) Die <u>bis zuletzt Gehorchenden</u> haben nunmehr hinreichend Gelegenheit gehabt, sich ein zutreffendes Bild vom Nationalsozialismus zu machen. Sie werden anerkennen, dass

die Beurteilung der sittlichen und Politischen Lage durch die Widerständler zutreffend war,

der Entschluss zum Widerstand aus höchster Verantwortung für letzte menschliche Werte, Volk und Truppe kam,

nicht nur das Leben, sondern die ganze Existenz (Ehre, Ansehen und Geltung, Familie und Vermögen) aufs Spiel gesetzt wurde,

das NS-Regime eine Situation geschaffen hatte, die in der deutschen Geschichte einmalig war, jeder Tradition widersprach und mit herkömmlichen Mitteln nicht zu lösen war.

3.) Jeder sollte sich um Verständnis für den damaligen Standort des anderen bemühen:
alle sollten gemeinsam als Staatsbürger sich dafür verantwortlich fühlen, daß jene anormalen Zustände nicht wiederkehren, in denen die allgemein verbindlichen Werte der sittlichen Grundordnung so weit in Frage gestellt waren, dass der Einzelne vielfach keine klare Grenze zwischen gut und böse, Recht und Unrecht mehr zu erkennen vermochte, also in eine ausweglose Situation geriet.

Die Aktualität:
1.) Das Problem des Widerstandes bleibt von höchster Aktualität, solange
(1) wir nicht einen gemeinsamen Standpunkt gegenüber dem Dritten Reich gefunden haben;
(2) jenseits der Elbe 17 Millionen Deutsche weiter in einem Unrechtsstaat leben müssen;
(3) das Totalitäre die freiheitliche Welt bedroht.

2.) Dem Totalitären können wir die Stirn nur bieten, falls wir
(1) sein Wesen kennen, d.h. uns mit dem Dritten Reich und dem dialektischen Materialismus auseinandersetzen;
(2) die Haltung des Widerstandes mit in unsere Tradition hineinnehmen;
(3) wachsam und selbstkritisch bleiben, damit nicht wieder das Totalitäre legal über uns Herrschaft gewinnt.

3.) Wer heute nicht Notwendigkeit und innere Berechtigung des 20. Juli bejaht, kann nicht qualitativ unterscheiden zwischen Pankow und Bonn.

„Die Tragödie des 20. Juli 1944 ist der dramatische Höhepunkt in den mannigfachen Bemühungen, vom Politischen, vom Militärischen her den Weg zur Katastrophe aufzuhalten, die in Hitlers Maßlosigkeiten der sorgenden Einsicht von Anbeginn sich abzeichnete. Sie wird auch ihren Symbolcharakter behalten durch die Opfer, die sie forderte: hohe Offiziere neben Arbeiterführern, Verwaltungsbeamte und Diplomaten neben Geistlichen beider christlicher Konfessionen, Männer der verschiedensten parteipolitischen Herkunft."

(Aus dem Vorwort des Bundespräsidenten zu dem Buch „Die Vollmacht des Gewissens", Bonn 1956.)

59,5
Zusatz des Brigadekommandeurs zum Aufruf des Generalinspekteurs der Bundeswehr zum 20. Juli [1959]

Der 20. Juli ist nicht dienstfrei; er beginnt mit einem Chef-Unterricht, der die Soldaten eindringlich auf die Bedeutung des Tages hinweist.

In diesem Unterricht ist die von mir bei der Vereidigung angesprochene innere Verbindung des 20. Juli 1944 zum 17. Juni 1953 weiterzuführen.

Den Wortlaut der Ansprache habe ich am 22.6.59 den Leutnanten ausgegeben. [s.Baudissin 59,4]

An beiden Tagen ging es um Widerstand gegen einen Staat, der unter dem Deckmantel eines entleerten Rechts systematisch – nach innen wie außen – Unrecht tat und förderte. Jedesmal standen Menschen auf, die weder irgendeinen Gruppenegoismus durchsetzen wollten, noch anarchische Revolutionäre waren. Sie erstrebten die Wiederherstellung des Rechtes und der Freiheit als Grundlagen menschenwürdigen Lebens und Verhaltens. Doch standen ihnen hierfür die normalen Korrekturmittel des demokratischen Staates, politische Kontrolle und unabhängige Gerichte, nicht mehr zur Verfügung. Totalitäre Systeme lassen nur die Möglichkeit der Resignation oder der gewaltsamen Auflehnung.

Wer sich zur tapferen Verteidigung von Recht und Freiheit des deutschen Volkes verpflichtet weiß, muß sich diesen Vorbildern verbunden fühlen, die in Augenblicken größter Tragik eine Standhaftigkeit und Tapferkeit besonderer und seltener Art bewiesen.

Bei unserem Gedenken an die Frauen und Männer des 2. Juli 1944 kann es nicht um eine verspätete Rechtfertigung gehen; das wäre gegenüber Menschen, die um der Menschlichkeit willen nicht nur ihr und ihrer Angehörigen Leben und Existenz, sondern auch ihre Ehre aufs Spiel setzten, überflüssig und unangemessen. Eine Verteidigung dieser Menschen gegen vordergründige und halbwahre Beschuldigungen sollte vor Soldaten der Bundeswehr nicht notwendig sein. Es gibt inzwischen genügend historisches Material über Beweggründe und Abläufe; eine klare Antwort auf die Grundsatzfragen nach Eid, Gewissen, Gehorsam und Verantwortung gehört zu den Voraussetzungen des Soldatseins. Die Menschen, deren Namen sich mit beiden Daten verbinden, verkörpern eine Haltung, die den Soldaten in einem geteilten Deutschland und angesichts der unvorstellbaren Folgen eines etwaigen 3. Weltkriegs zur Besinnung ruft und ermutigt.

59,6
Ansprache zum 20. Juli 1959 vor der Panzergrenadierbrigade 4 in Göttingen

Es ist gerade ein Monat her, da gedachten wir hier gemeinsam des Volksaufstandes in der SBZ.

Der 17. Juni 1953 und

der 20. Juli 1944

sind beides Marksteine in der jüngsten deutschen Geschichte.

An beiden Tagen wurde der Welt gezeigt:

Die Empörung der unterdrückten Menschenwürde

und der Wille des deutschen Volkes, frei zu sein von Zwang und Willkür.

Während es sich am 17. Juni 1953 um einen Aufstand des Volkes handelt, in dem sich der allgemeine Zorn entlud, wagte am 20. Juli 1944 eine Schar Auserwählter den Widerstand gegen das sogenannte Dritte Reich.

Als das Attentat durchgeführt wurde, war der Krieg militärisch für Deutschland bereits verloren.

Was bewog diese Männer, zu diesem Zeitpunkt noch einen offenen Aufruhr zu wagen, der mit dem Mord des Staatsoberhauptes eingeleitet werden sollte?

Lassen wir sie selber sprechen zu den Ereignissen der Zeit:

1 Tag nach dem Reichstagsbrand wurde „die Verordnung zum Schutz von Volk und Staat" erlassen.

Unter anderem heißt es in § 1 dieser Verordnung:

„Es sind daher Beschränkungen der persönlichen Freiheit, des Rechtes der freien Meinungsäußerung, einschließlich der Pressefreiheit, des Vereins- und Versammlungsrechtes, Eingriffe in das Brief-, Post-, Telegrafen- und Fernsprechgeheimnis, Anordnungen von Haussuchungen und Beschlagnahme sowie Beschränkungen des Eigentums auch außerhalb der selbst hierfür bestimmten gesetzlichen Grenzen, zulässig."

Knapp einen Monat später wurde vor dem Reichstage das „Ermächtigungsgesetz" eingebracht.

Danach war es nicht mehr erforderlich, daß Gesetze von einer Vertretung des Volkes beschlossen werden mußten, sondern sie konnten von der Reichsregierung erlassen werden. Sie konnten sogar dann erlassen werden, wenn sie gegen die Reichsverfassung verstießen.

Gegen diesen Gesetzesentwurf wandte sich der sozialdemokratische Abgeordnete Wels. Er sagte am 23. März 1933:

„… Noch niemals, seit es einen Deutschen Reichstag gibt, ist die Kontrolle der öffentlichen Angelegenheiten durch die gewählten Vertreter des Volkes in solchem Maße ausgeschaltet worden, wie es jetzt geschieht und wie es durch das neue Ermächtigungsgesetz noch mehr geschehen soll. Eine solche Allmacht der Regierung muß sich um so schwerer auswirken, als auch die Presse jeder Bewegungsfreiheit entbehrt. …

Wir stehen zu den Grundsätzen des Rechtsstaates, der Gleichberechtigung des sozialen Rechts. …

Wir deutschen Sozialdemokraten bekennen uns in dieser Stunde feierlich zu den Grundsätzen der Menschlichkeit und der Gerechtigkeit, der Freiheit und des Sozialismus. Kein Ermächtigungsgesetz gibt Ihnen die Macht, Ideen, die ewig unzerstörbar sind, zu vernichten. …"

Trotz dieser mahnenden Worte wurde das Gesetz beschlossen. Die Rede von Wels war die letzte legale Opposition während der Regierung des Nationalsozialismuses. Mit dem Ermächtigungsgesetz war das Recht durch Willkür abgelöst.

Am 13. Juli 1941 sagte der Bischof von Münster, Kardinal Graf von Galen:

„Der physischen Übermacht der Gestapo steht jeder deutsche Staatsbürger völlig schutzlos und wehrlos gegenüber. Völlig wehrlos und schutzlos! Das haben viele deutsche Volksgenossen im Laufe der letzten Jahre an sich erfahren.

Keiner von uns ist sicher, und er mag sich bewußt sein, der treueste, gewissenhafteste Staatsbürger zu sein, mag er sich völliger Schuldlosigkeit bewußt sein, daß er nicht eines Tages aus seiner Wohnung geholt, seiner Freiheit beraubt, in den Kellern und Konzentrationslagern der Gestapo eingesperrt wird.

Ich bin mir darüber klar; das kann auch heute, das kann auch eines Tages mir geschehen. Weil ich dann nicht mehr öffentlich sprechen kann, darum will ich heute öffentlich sprechen, will ich öffentlich warnen vor einem Weiterschreiten auf einem Wege, der nach meiner Überzeugung Gottes Strafgericht auf die Menschen herabruft und zu Unglück und Verderben für unser Volk und Vaterland führen muß. ..."

Als im Jahr 1938 Österreich und Deutschland zum sogenannten „Großdeutschen Reich" vereinigt wurden, wurde Hitler noch einmal ein äußerlich glänzender politischer Erfolg zuteil.

Hohe Offiziere und Beamte sahen jedoch trotz allem um so klarer, wie bedenkenlos Hitler seine Politik trieb, die die Gefahr eines Krieges heraufbeschwor.

Als Hitler die Tschechoslowakei unter Druck zu setzen begann, faßte Generaloberst Beck in einer Denkschrift folgende Überlegungen zusammen:

„Der Führer hält anscheinend eine gewaltsame Lösung der sudetendeutschen Frage durch Einmarsch in die Tschechoslowakei für unabwendbar. Er wird in dieser Auffassung bestärkt durch die Umgebung verantwortungsloser radikaler Elemente.

Es stehen hier letzte Entscheidungen über den Bestand der Nation auf dem Spiel. Die Geschichte wird diese Führer mit einer Blutschuld belasten, wenn sie nicht nach ihrem fachlichen und staatspolitischen Wissen und Gewissen handeln. Ihr soldatischer Gehorsam hat dort Grenzen, wo ihr Wissen, Ihr Gewissen und ihre Verantwortung die Ausführung eines Befehls verbieten.

Finden ihre Ratschläge und Warnungen in solcher Lage kein Gehör, dann haben sie das Recht und die Pflicht vor dem Volk und vor der Geschichte, von ihren Ämtern abzutreten. Wenn sie alle in einem geschlossenen Willen handeln, ist die Durchführung einer kriegerischen Handlung unmöglich. Sie haben damit ihr Vaterland vor dem Schlimmsten, vor dem Untergang bewahrt.

Es ist ein Mangel an Größe und Erkenntnis der Aufgabe, wenn ein Soldat in höchster Stellung in solchen Zeiten seine Pflichten und Aufgaben nur in dem begrenzten Rahmen seiner militärischen Aufträge sieht, ohne sich der höchsten Verantwortung vor dem gesamten Volk bewußt zu werden. Außergewöhnliche Zeiten verlangen außergewöhnliche Handlungen. …"

Als Hitler am 15. August 1938 der Generalität seinen Entschluß mitteilte, die tschechische Frage noch im Herbst mit Gewalt zu lösen, trat Generaloberst Beck von seinem Amt zurück. Er hinterließ folgende Notiz bei den Akten:

„Um unsere Stellung den Historikern gegenüber in der Zukunft klarzustellen und den Ruf des Oberkommandos sauber zu erhalten, wünsche ich als Chef des Generalstabes zu Protokoll zu geben, daß ich mich geweigert habe, irgendwelche nationalsozialistischen Abenteuer zu billigen. Ein endgültiger deutscher Sieg ist eine Unmöglichkeit."

Nach seinem Rücktritt blieb dieser General das militärische Haupt der deutschen Opposition gegen Hitler.

Aber alle Bemühungen, vor Beginn des Krieges das Regime zu beseitigen, sind gescheitert.

Nachdem der Krieg ausgebrochen war, wuchsen jedoch die Schwierigkeiten der Opposition. Die Männer des Widerstandes standen in einem schweren Gewissenskonflikt.

Einerseits wollten sie den Nationalsozialismus beseitigen, dessen Verbrechen durch die Handlungen in den besetzten Gebieten, vor allem durch die Judenmorde, immer deutlicher wurden. Andererseits wollten sie das Deutsche Reich erhalten.

Generaloberst von Blaskowitz – der Militäroberbefehlshaber von Polen – verfaßte eine scharfe Denkschrift gegen das Wüten des Staatssicherheitsdienstes.

„Das deutsche Heer sei nicht dazu da, das Treiben einer Mörderbande zu unterstützen."

Und später in einem Vortrag:

„Der feindlichen Propaganda wird ein Material geliefert, wie es wirksamer in der ganzen Welt nicht gedacht werden kann. ... Der schlimmste Schaden jedoch, der dem deutschen Volkskörper aus den augenblicklichen Zuständen erwachsen wird, ist die maßlose Verrohung und sittliche Verkommenheit, die sich in kürzester Zeit ... wie eine Seuche ausbreiten wird."

Nach der Landung der Alliierten in der Normandie kam es zwischen dem Generalfeldmarschall Rommel und Hitler zu erregten Auseinandersetzungen, in denen Rommel auf Grund der militärischen Lage eine Beendigung des Krieges forderte. In einer Denkschrift an Hitler schrieb Rommel:

„Unter diesen Umständen muß damit gerechnet werden, daß es dem Feind in absehbarer Zeit gelingt, die dünne eigene Front, vor allem bei der 7. Armee, zu durchbrechen und in die Weite des französischen Raumes durchzustoßen. Die Folgen werden unabsehbar sein. – Die Truppe kämpft allerorts heldenmütig, jedoch der ungleiche Kampf neigt sich dem Ende entgegen. ... Ich muß Sie bitten, die Folgerungen aus dieser Lage unverzüglich zu ziehen. Ich fühle mich verpflichtet, als Oberbefehlshaber der Heeresgruppe dies klar auszusprechen."

Nachdem Hitler sich weigerte, die Konsequenzen zu ziehen und den Krieg zu beenden, war Rommel fest entschlossen, durch einen Staatsstreich Hitlers Macht zu brechen.

Einige Tage später wurde Rommel durch einen Tieffliegerangriff schwer verletzt. Als seine Beteiligung an der Opposition bekannt wurde, zwang Hitler ihn, durch Einnehmen von Gift seinem Leben ein Ende zu machen.

Um das Volk zu täuschen, wurde Rommel feierlich in einem Staatsbegräbnis beigesetzt.

Obwohl kaum noch ‚Aussicht bestand, Deutschland zu retten, beschlossen die Männer des Widerstandes, das Opfer zu wagen, um wenigstens die Ehre des deutschen Namens zu retten:

„Das Attentat auf Hitler muß erfolgen, um jeden Preis. Sollte es nicht gelingen, so muß trotzdem der Staatsstreich versucht werden. Denn es kommt nicht mehr auf den praktischen Zweck an, sondern darauf, daß die deutsche Widerstandsbewegung vor der

Welt und vor der Geschichte unter Einsatz des Lebens den entscheidenden Wurf gewagt hat. Alles andere ist daneben gleichgültig."

So sagte Generalmajor von Tresckow, und wenige Stunden vor seinem Tode:

„Der sittliche Wert eines Menschen beginnt erst dort, wo er bereit ist, für seine Überzeugung sein Leben hinzugeben."

Am 20. Juli 1944 legte Oberst Graf von Stauffenberg im Führerhauptquartier die Bombe, die Hitler töten sollte.

Dieses war das äußere Zeichen für den offenen Aufruhr.

Wie durch ein Wunder wurde Hitler nur leicht verletzt.

Der Aufstand brach zusammen.

Im Zuge der Verfolgung ließen 97 Männer aller Stände ihr Leben, über die Angehörigen der Verschwörer wurde Sippenhaft verhängt. Das deutsche Volk mußte den Krieg bis zur Neige ausschöpfen.

Über den Männern des 20. Juli aber steht das Wort des am 8. August hingerichteten Generaloberst Hoeppner:

„Nicht der Glanz des Erfolges, sondern die Lauterkeit des Strebens entscheidet über den Wert des Menschenlebens."

So haben diejenigen, die im Widerstand gegen Hitler ihr Leben ließen, in düsterer Stunde der Geschichte unseres Volkes den Ehrenschild deutscher Gesinnung hochgehalten.

Der staatliche Neuaufbau der Bundesrepublik, der nach ihren Grundsätzen geschah, ist ihr später Lohn.

Der große Gegner Deutschlands im 2. Weltkrieg – Winston Churchill – bezeugte ihnen die Anerkennung der Welt:

„In Deutschland lebte eine Opposition, die durch ihre Opfer und entnervende internationale Politik immer schwächer wurde, aber zu dem Edelsten und Größten gehört, was in der politischen Geschichte aller Völker hervorgebracht wurde. Diese Männer kämpften ohne eine Hilfe von innen oder außen – einzig getrieben von der Unruhe ihres Gewissens. Solange sie lebten, waren sie für uns unsichtbar und unerkennbar, weil sie sich tarnen mußten. Aber an den Toten ist der Widerstand sichtbar geworden. Diese Toten vermögen nicht alles zu rechtfertigen, was in Deutschland geschah. Aber ihre Taten und Opfer sind das Fundament eines neuen Aufbaus."

An diesem neuen Aufbau tragen wir alle gemeinsam die Verantwortung – für uns selbst und diejenigen, die auch heute noch hinter dem Eisernen Vorhang dem Zwang und dem Terror ausgeliefert sind.

60,7
Zum 20. Juli 1960. Ansprache zur Feierstunde der Stadt Göttingen

Vieles und Gewichtiges spricht gegen den Versuch, an bestimmten Tagen einzelner Menschen, besonderer Ereignisse zu gedenken. Schwerlich kann es gelingen, Größe und Bedeutung geschichtlicher Gestalten und Geschehen einzufangen, sie gegenwärtig und fruchtbar werden zu lassen. Persönliche Einstellung zu Veranstalter oder Festredner, subjektive Darstellung der Begebenheiten oder ungeschickte Worte können die Besinnung stören. Übereifer verfälscht die Menschen von damals in Schablonen von heute und höhlt Ereignisse voll Tragik und Spannung zu Sensationen aus. Meint man gar, mit vollbrachter Ehrung nun seine Verpflichtung gegenüber der Vergangenheit abgegolten zu haben, droht alles Vorhaben in betriebsamer Selbstbespiegelung stecken zu bleiben, statt zu Einkehr und Verantwortung aufzurufen.

All dies ist uns bewusst! Und doch haben wir uns heute – allen Bedenken und Einwänden zum Trotz – hier zusammengefunden.

Es ist nicht nur gute Sitte, sondern auch ein Teil menschlicher Existenz, sich von Zeit zu Zeit über alle Alltagssorgen hinaus auf den Weg zu besinnen, der den einzelnen und sein Volk zum Heute führte; sich im Blick auf bestimmte Wegstrecken, Kreuzungen, Kehren, Höhepunkte und Scheidewege über die mögliche Fortsetzung des Weges in eine ungewisse Zukunft klarzuwerden; den Erfahrungen der Vergangenheit nachzugehen, sie neu zu durchdenken; sich gegenseitig zu bestärken und sich offenkundlich voreinander zu Gemeinsamem zu bekennen.

Freilich erschwert die widersprüchliche Entwicklung unserer deutschen Geschichte, die nur wenig gemeinsam-verbindende Symbole überdauern ließ, und der Missbrauch so viel guten Willens durch das Dritte Reich, aber auch die Zweiteilung unseres Volkes derartiges Gedenken und Bekennen. Aus all diesen Gründen fühlen wir uns immer wieder versucht, einzeln ins Private auszuweichen, statt gemeinsam nach Verantwortung zu suchen zu beklagen und anzuklagen statt Hand anzulegen. Wir Älteren, die wir noch Zeitgenossen des 20. Juli 1944 sind, müssen uns überdies mit Bonhoeffer sagen: »Wir sind stumme Zeugen böser Taten gewesen, wir sind mit vielen Wassern gewaschen, wir haben die Künste der Verstellung und der mehrdeutigen Rede gelernt, wir sind durch Erfahrung misstrauisch gegen die Menschen geworden und mussten ihnen die Wahrheit und das freie Wort oft schuldig bleiben, wir sind durch unerträgliche Konflikte mürbe und vielleicht zynisch geworden – sind wir noch brauchbar?«

Ich meine, dass gerade unsere Gespaltenheit und unser Verzagtsein, unsere Bedrohung durch die Geister der Vergangenheit und manche gegenwärtige Gefahr es uns eindringlich nahelegen, nach Gemeinsamkeiten Ausschau zu halten, die alle freiheitlich gesonnenen Bürger unseres Staates gleichermaßen verpflichten und verbinden; und die darüber hinaus in unserer geschichtlichen Situation gültige und hilfreiche Maßstäbe geben für den Alltag in Familie, Beruf und politischer Verantwortung. Ein Tag solcher Einkehr sollte der heutige sein.

Was meinen wir mit dem 20. Juli? Der »20. Juli« ist für uns zu einem Symbol geworden. Wir meinen damit nicht nur die eine, weitstrahlende Tat eben jener bestimmten Gruppe von Menschen, sondern alles das, was schon lange vor diesem Datum – von 1933 an – bis zur totalen Niederlage 1945 von vielen Männern und Frauen aller Standorte, Schichten, Berufe und Altersklassen in Deutschland an Widerstand gegen das NS-System geleistet wurde; von Menschen, die in unlösbarem Konflikt zwischen sittlicher Verantwortung und Gehorsam gegenüber einem unsittlich gewordenen Staat ihrem Gewissen folgten.

Nach abendländischem Verständnis war das Dritte Reich kein normaler Staat; denn er billigte dem einzelnen keine höhere Bindung zu außer an den Staat, der sich selbst aber zielstrebig von jeder sittlichen Norm löste. Wie alle totalitären Regime setzte der NS-Staat den eigenen Nutzen – d. h. den der Machthaber absolut. Damit verlor der einzelne – als Mensch und Untertan – jeden Eigenwert. Seine Bedeutung errechnete sich ausschließlich aus seiner Nützlichkeit für das Kollektiv. Für dieses Ziel musste er manipulierbar werden – d. h. abgetrennt sein von allen sittlichen und religiösen Wurzeln. Im Sinne des Systems zuverlässig sein, hieß menschlich unzuverlässig werden.

Hitler hat dieses als seine geschichtliche Aufgabe ausdrücklich folgendermaßen proklamiert: »Die Vorsehung hat mich zum größten Befreier der Menschheit vorbestimmt. Ich befreie die Menschen von dem Zwang eines Selbstzweck gewordenen Geistes, von den schmutzigen und erniedrigenden Selbstpeinigungen einer ›Gewissen‹ und ›Moral‹ genannten Chimäre und von den Ansprüchen einer Freiheit, denen immer nur ganz wenig Menschen gewachsen sein können.«

Aus solcher Anschauung von Mensch und menschlicher Gesellschaft entstand ein Staatsnotstand, wie ihn die deutsche Geschichte bislang nicht kannte. Die Funktionäre einer derartigen Ideologie verließen folgerichtig den »müden, bürgerlichen Boden«, wie Himmler die überkommenen Vorstellungen von Recht und Menschlichkeit bezeichnete. Unrecht trat an Stelle von Recht und war keineswegs die gelegentliche Entgleisung einzelner: Die absolute Rechtlosigkeit wurde zum System, Unrecht zum normalen Mittel für einen miserablen Zweck. Die Opfer wechselten – Juden, Kirchen, Intellektuelle, Soldaten –. Ihre Reihenfolge ergab sich aus der jeweiligen Situation, und man weiß aus den hinterlassenen Quellen, dass nach dem »Endsieg« der Rest all derer drangekommen wäre, die sich noch immer nicht gefügig und manipulierbar zeigten.

Die Konflikte, in die ein sittlich gegründeter Mensch unweigerlich früher oder später geraten musste, stellten sich den einzelnen freilich auf mannigfaltige Weise, mehr oder weniger verhüllt und mit unterschiedlichen Konsequenzen – angefangen bei den täglichen Unwahrheiten gegenüber einer nicht mehr verlässlichen Umwelt bis hin zu der peinigenden Erkenntnis, dass Gehorsam gleichermaßen zum Helfershelfer einer totalen Niederlage wie eines nicht minder heillosen Sieges werden ließe. Der Krieg mit seiner Abriegelung nach außen und der ihm innewohnenden Tendenz zur Rechtfertigung auch fragwürdiger Maßnahmen gab dem Regime die Möglichkeit, seine wahren Pläne aufzugreifen. Die SS wird zu einem privilegierten »Staat im Staate« ausgebaut und überzieht Deutschland wie die besetzten Gebiete mit einem Netz selbstherrlicher, skrupelloser Organe, dazu ausersehen, nach dem »Endsieg« auch die Wehrmacht zu ersetzen. Unter ihrem Schutz verwandeln sich die KZs zu einem ausgeklügelten System moralischer und physischer Vernichtung für politische Gegner. Lediglich die Anforderungen der Kriegswirtschaft und die gewaltige Zahl der zur »Liquidierung« Bestimmten verlangsamen diesen unvorstellbaren Vernichtungsprozess. Hier – in den Laboratorien des perfektionierten Mordes – ereignen sich die bestialischen Gräuel, die mit »Endlösung der Judenfrage«, »Euthanasieprogramm«, »Stiftung Ahnenerbe« (einer geplanten Skelettsammlung aus den Opfern der Konzentrationslager) angedeutet sein mögen. Wir können uns leider nicht damit trösten, das alles seien Hirngespinste abartig Veranlagter gewesen; es waren Phänomene einer Ideologie der Rasse, des Hasses und der biologischen Stärke.

All diese, für den normalen Menschen unfasslichen Entsetzlichkeiten vollziehen sich unter der Begleitmusik so erhabener Parolen wie: »Nichts für uns, alles für Deutschland«, »Der einzelne ist nichts, Deutschland ist alles«, »Gemeinnutz geht vor Eigennutz«, »Unsere Ehre heißt Treue«. Es sind die üblichen Methoden, auf die keine Diktatur verzichten kann, wenn sie ihre Untertanen gefügig halten will. Für uns ist es wichtig, uns die Wirkung eines solchen Dauerappells an Ehre, Vaterlandsliebe, Idealismus usw. vorzustellen, aber auch, sie als ganz gemeinen Trick zu entlarven; wichtig für uns Ältere, von denen mancher auch heute noch Schwierigkeiten hat, in den Widerstandskämpfern etwas anderes zu sehen, als Menschen, die ihr Vaterland in höchster Not im Stich ließen oder gar verrieten; wichtig aber auch für die Jüngeren, die in ihrem – schon fast historischen – Verständnis des Dritten Reiches dazu neigen, den Widerstand als etwas allzu Selbstverständliches hinzunehmen.

Man wird der damaligen Zeit und ihrer Generation nur dann einigermaßen gerecht, wenn man die im System begründete Perversion alles Menschlichen erkennt und an ihr die fast übermenschliche Leistung derer misst, die sich gegenüber der Suggestivkraft des Mitmachens und damit Teilhabens an der überwältigenden Macht ebenso immun erwiesen, wie gegenüber der Drohung, liquidiert zu werden. Sie bewiesen wahres Heldentum: sie standen einsam gegen die kalte Grausamkeit der alles durchdringenden Macht, sie setzten

Ehre, Ruf und Familie aufs Spiel und folgten in der Gewissheit des eigenen Scheiterns höherer Notwendigkeit.

Es war kein Zufall, der die vielen zu gleichem Entschluss trieb; keine Affekthandlung von Zukurzgekommenen oder Berufsrevolutionären; nicht einmal nur die Befürchtung, einen Krieg total zu verlieren, obwohl diese Sorge – national-staatlich gesehen – immerhin legitim gewesen wäre; es war auch kein unnatürlicher Zweckverband heterogener Kräfte, die nur unter äußerem Druck zusammenfanden, um sich – nach gewonnener Schlacht – wieder zu befehden. Hier ging es vielmehr um die Wiederherstellung bestimmter Grundlagen menschlichen Seins, die der NS-Staat mit grausiger Konsequenz zu vernichten strebte. Bedenkt man, wie verschiedenartig die geistige, gesellschaftliche, politische Herkunft, Erziehung, Beruf und Weltbild der einzelnen Widerstandskämpfer waren, wie unterschiedlich auch Anstoß, Weg und Ziel, so muss es fast überraschen, dass sie – zumal unter den wachsamen Augen eines raffinierten Sicherheitssystems – zusammenfanden. Was sie einte, war der unbeirrbare Wille, der Erniedrigung des Menschen zum willenlosen Werkzeug nicht tatenlos zuzusehen. Hitlers »Befreiung des Menschen von den lächerlichen Fesseln einer sogenannten Humanität« setzten sie die Besinnung auf das Elementar-Menschliche entgegen. Sie liebten ihr Vaterland und fühlten, dass die Reinigung Deutschlands ohne Aufschub und nur durch Deutsche zu geschehen habe – um der Opfer und um des deutschen Namens willen.

Der konservative Goerdeler nannte es die »Demokratie der 10 Gebote«, die unter »äußerster Anspannung der moralischen Kräfte« erkämpft werden müsse. Der evangelische Christ Moltke, dem Freisler während der Verhandlung zurief: »Herr Graf, eines haben das Christentum und wir Nationalsozialisten gemeinsam, und nur dies eine: wir verlangen den ganzen Menschen«, will »das Bild des Menschen im Herzen unserer Mitbürger wieder aufrichten«. Der Theologe Bonhoeffer spricht von der »großen Maskerade des Bösen«, das »in so vielen ehrbaren und verführerischen Verkleidungen« auftritt und »alle sittlichen Begriffe verwirrt hat«. Der Rechtswissenschaftler Yorck nennt als Grund für seinen Widerstand vor dem Volksgerichtshof: »Das Wesentliche ist der Totalitätsanspruch des Staates gegenüber dem Staatsbürger unter Ausschaltung seiner religiösen und sittlichen Verpflichtungen vor Gott.« Der Sozialist Harnack spricht von dem »System ohne Güte und Gnade«. Pater Delp schreibt: »Ich kann predigen, soviel ich will...: solange der Mensch menschenunwürdig und unmenschlich leben muss, solange wird der Durchschnitt den Verhältnissen erliegen und weder beten noch denken. Es braucht die gründliche Änderung der Zustände des Lebens.« Und der Generalstabsoffizier Stauffenberg in seiner letzten Denkschrift: »Wir wollen eine neue Ordnung, die alle Deutschen zu Trägern des Staates macht und ihnen Recht und Gerechtigkeit verbürgt.«

Je länger der Krieg und das Regime andauern, desto stärker tritt der Gedanke an das sichtbare Opfer, an das Fanal hervor, das Deutschland wenigstens moralisch rehabilitieren sollte. Der in der preußischen Tradition stehende Henning von Tresckow sagt, es kam »nicht mehr auf den praktischen Zweck an, sondern darauf, dass die deutsche Widerstandsbewegung vor der Welt und vor der Geschichte unter Einsatz des Lebens den entscheidenden Wurf gewagt« hat, statt »der Schande und dem lähmenden Zwang tatenlos zu verfallen«. Berthold Stauffenberg bekennt seiner Frau wenige Tage vor dem Attentat: »Das Furchtbarste ist, zu wissen, dass es nicht gelingen kann und dass man es dennoch für unser Land und unsere Kinder tun muss.« Martin Gauger, Justitiar der evangelischen Kirche, meint das gleiche, wenn er in einem Brief schreibt: Offiziell sind wir »Staatsfeinde. Das kann uns persönlich kalt lassen, weil wir ein gutes Gewissen haben und uns als die eigentlichen Patrioten mit manchem guten Recht fühlen können«; ebenso der Arbeiterführer Julius Leber vor seiner Hinrichtung: »Für eine so gute und gerechte Sache ist der Einsatz des eigenen Lebens der angemessene Preis«, oder das bewegende Wort aus einem der letzten Briefe Moltkes: dass er von Umsturzplänen freigesprochen sei, das heiße, »dass nicht Pläne, nicht Vorbereitungen, sondern der Geist als solcher verfolgt werden soll«.

Die Vorstellungen und Absichten der Widerstandsbewegung sind programmatisch in dem Aufruf zusammengefasst, der für den Fall des Gelingens des Attentats vorbereitet war; ich möchte einige Absätze zitieren: »Ihr wisst seit heute, worum es geht, was unsere Beweggründe und unsere Absichten sind. Das Recht äußerster

Notwehr und die Pflicht der Selbsterhaltung zeichnen uns und euch den Weg vor. Nicht der versprochene Staat fester und weiser Führung, sondern eine schreckensvolle Zwangsherrschaft ist uns zuteil geworden. Tapferkeit, Todesmut und Können unserer Soldaten sind schändlich missbraucht, unsere Heimat ist skrupellos der Not und Zerstörung ausgesetzt worden. Als Endglied einer vermeidlichen Kette von Rechtsbeugungen und Rechtsbrüchen hat Hitler in seiner Reichstagsrede vom 25. April 1942 alle Deutschen für vogelfrei erklärt, indem er sich das Recht anmaßte, jedes Urteil nach seinem eigenen Ermessen umzustoßen. Er hat damit einen Tiefstand der Rechtlosigkeit heraufbeschworen, der im Leben gesitteter Völker bisher unbekannt war. ... Aus dem stolzen Deutschland des gleichen Rechts für alle hat er eine ohnmächtige Zwangsgemeinschaft von Sklaven gemacht... das Gebäude des Staates, das auf Unrecht, Willkür, Verbrechen aller Art, Eigennutz, Lüge aufgebaut wurde, wird niedergerissen werden. Das Fundament des neuen Staatsbaues werden die sicheren Grundlagen des menschlichen Zusammenlebens bilden, werden Recht und Gerechtigkeit, Wahrhaftigkeit, Anstand, Sauberkeit, Vernunft, Rücksicht aufeinander und Rücksicht auch auf die von Gott geschaffenen Völker und ihre Lebensinteressen sein. Aber dieses Ziel (die erträgliche Beendigung des Krieges) ist nicht das allein ausschlaggebende. Entscheidend ist für uns, dass wir die Entehrung unseres Volkes ... nicht weiter dulden. ... Wir werden auch dafür sorgen, dass nur gerechte Bestrafung nach den Gesetzen stattfindet. Niemand... lasse sich zu einer voreiligen Handlung hinreißen; denn über allen Rachegefühlen steht die Notwendigkeit, den Staat gleichen Rechts für alle unter einer gerechten Führung wieder herzustellen.«

Wenn man diese Zeugnisse, deren es unendlich viele gibt, nach Inhalt und Sprache mit dem falschen Pathos und dem übersteigerten Hassgeschrei der Funktionäre vergleicht wie z. B.: »Haß ist unser Gebet, und Rache unser Feldgeschrei«, »Wer den Tod in Ehren fürchtet, stirbt ihn in Schande«, erkennt man, welche Welten hier aufeinander stießen.

Das Erbe

In ihrem einmütigen Aufstand gegen die Gewalt haben die Frauen und Männer des Widerstandes erstmalig in unserer jüngeren Geschichte die gemeinsamen Grundlagen der freiheitlichen Überlieferungen wieder sichtbar gemacht und ihre Zusammengehörigkeit besiegelt. Damit stifteten sie eine neue Tradition der gemeinsamen Verpflichtung aller freiheitlichen Kräfte; ein Erbe, das wir nicht vertun dürfen, wenn wir nicht noch einmal – und diesmal wissend – schuldig werden wollen.

Freilich: dies Vermächtnis verlangt viel Umdenken und den Abschied von manchem liebgewordenen Vorurteil. Uns Deutschen fällt es schwer, gerade die Vielfalt der Meinungen – und auch der Traditionen – als etwas Positives, als Bereicherung zu betrachten, ja als Voraussetzung für die Lösung der vielschichtigen Probleme unserer gewandelten Welt. Wir müssen erst lernen, Menschen und Auffassungen als gleichwertig anzuerkennen, auch wenn uns, offenbar, nichts anderes als die Ablehnung des Totalitären verbindet. Die moderne Gesellschaft ist pluralistisch und der Verzicht auf jeden Absolutheitsanspruch für den eigenen Standpunkt Voraussetzung für ihr Funktionieren.

Freiheit und Wahrheit bedingen einander; nur in freier politischer Diskussion lässt sich aus dem Chor der Halbwahrheiten die Wahrheit annäherungsweise erkennen.

Erlauben Sie mir an dieser Stelle ein Wort über unser, wie ich meine, stark platonisches Verhältnis zur Freiheit, aus der wir geneigt sind, eine Ideologie zu machen, statt freiheitlich zu leben. Freiheit ist ein unteilbares Ganzes und lässt sich nicht sezieren in »Freiheit von« oder »Freiheit zu« etwas. Wir haben nur die Wahl zwischen Freiheit und Unfreiheit, nicht aber die Möglichkeit, etwas Freiheit zu praktizieren. Haben wir uns einmal für die Freiheit entschieden, gibt es keinen – noch so glorifizierten – Verzicht auf dieses oder jenes Grundrecht; aber auch keine Möglichkeit zur Entbindung von irgendeiner der Grundpflichten, die wir mit unserem Entschluss zur Freiheit übernahmen. Verzichten wir auf die eine oder andere Seite der Freiheit, geben wir der einen Vorrang vor der anderen, haben wir den ersten Schritt vom Wege getan. Pflichten und

Rechte, die aus der freiheitlichen Grundordnung erwachsen, sind unteilbar wie die Freiheit selbst und bilden ihre Voraussetzung. Nur wenn der einzelne ermutigt wird, für die eigene Würde, das eigene Recht mit aller Konsequenz einzutreten, sowohl um der eigenen Person, als auch um des Ganzen willen, wird er frei; nur dann vermag er, seine Pflichten in ihrer sittlichen Begründung und Begrenzung zu sehen und zu erfüllen.

Die Vorgeschichte des Dritten Reiches lehrt, dass Freiheit und Recht in einem Staat durch die Bürger selbst bedroht sind – und nicht einmal in erster Linie durch die erklärten Antidemokraten. Der Weimarer Staat scheiterte an den Ungeduldigen, denen parlamentarische und rechtsstaatliche Verfahrensweisen zu umständlich erscheinen; an den Menschenverächtern, die Freiheit für Schwäche halten; den Trägen, die sich am Privaten genügen lassen; den Opportunisten, die Augen und Ohren vor dem Unrecht verschließen; an den sogenannten Idealisten, deren lebensferne Staats- und Gesellschaftsvorstellungen sich nie erfüllen können; und nicht zuletzt an den Reaktionären, die verlorene Autoritäten wiederherstellen möchten.

Die Geschichte des Widerstandes aber lehrt, welch ungewöhnlichen Grades an geistiger Wachsamkeit und sittlicher Unbeirrbarkeit es bedarf, um das Totalitäre zu durchschauen, ihm zu widerstehen, und dass ein solcher Aufstand der Gewissen zwar weit in die Zukunft strahlt, doch nicht vermag, ein einmal zur Macht gelangtes Terrorregime von innen her zu stürzen.

Auch *unsere* Freiheit ist ständig bedroht – ganz gewiss auch von außen. Aber gerade der 20. Juli heißt uns, zunächst nach innen zu blicken, wo die wachsende Gewalt der Organisationswelt den einzelnen immer mehr zum Rädchen eines unübersehbaren Apparates werden lässt. In dieser Lage wächst die Versuchung, nur noch zu funktionieren, ohne nach politischer und sittlicher Verantwortung zu fragen. Hier sind alle Mündigen, d. h. diejenigen, die frei sein wollen und können, in besonderem Maße gerufen. Hier geht es um das »Vaterland«, wie es die Frauen und Männer des Widerstandes sahen. Nicht um das Vaterland im bloß geographischen oder gar imperialistischen Sinne, nicht um eines, das sich unbedenklich über Recht und Freiheit hinwegsetzt und dem man bedenkenlos die lebende Generation opfert, nicht um das mit einer bestimmten Gesellschaftsordnung identifizierte »Vaterland«, sondern um einen menschlichen Ordnungsbereich, den wir wieder neu zu durchdenken und zu deuten haben. Oder ganz konkret: unsere Verantwortung für die Menschen gleicher Sprache, Kultur, Geschichte und Staatlichkeit, die nur menschenwürdig leben können, wo Freiheit, Recht und Menschenwürde Maßstäbe alles Denkens und Tuns sind; wo auch unterschiedliche Auffassungen von Freiheit nebeneinander Platz finden.

Der Bestand freiheitlicher Ordnung lässt sich nicht garantieren; sie lebt und entwickelt sich mit der Intensität des Freiheitswillens ihrer Bürger. So notwendig die rationale Bemühung um die Klärung der Begriffe ist, so enthebt sie uns doch nicht der Pflicht zur Option für die Freiheit mit all ihrem Risiko. Wir werden nur frei bleiben, wenn wir von der Unabdingbarkeit, aber auch der Überlegenheit freiheitlicher Ordnung durchdrungen sind.

Wir in der Bundesrepublik haben die im Grunde ganz unverdiente Chance, uns in voller Freiheit mit dem Erbe des 20. Juli auseinanderzusetzen. Der Aufstand am 17. Juni 1953 bewies, dass man es jenseits der Demarkationslinie nicht darf, ohne Leib und Leben aufs Spiel zu setzen. Wir haben also die Aufgabe, stellvertretend die Verwirklichung von Freiheit und Recht in der heutigen Gesellschaft zu durchdenken, Leitbilder und Modelle zu entwickeln. Tun wir es nicht, verlieren wir die Berechtigung, für eine Wiedervereinigung in Freiheit zu plädieren und uns als Teil der freien Welt zu fühlen.

61,7
Aufstand gegen Gewaltsystem
In: Junge Stimme vom 8.7.1961

Als ich in Nummer 9 der „Jungen Stimme" die „Version" aus Landsberg zum 20. Juli las, habe ich dem heftigen Drang, sofort zu erwidern, nur deshalb widerstanden, weil ich meinte, daß eine Antwort aus dem Kameradenkreise überzeugender wäre und überdies unverblümter gegeben werden könne. Meine Erwartung ist nicht enttäuscht worden; von mehreren Seiten wurde mit *dankenswerter Klarheit* Stellung genommen.

Angesichts des 20. Juli 1961 erscheint es mir aber angebracht, einige wesentliche Gesichtspunkte aus den positiven Antworten hier noch einmal zu unterstreichen.

Die Zuschrift des Stabsunteroffiziers aus Landsberg am Lech entfacht Erinnerungen an jene Zeiten, da die meisten Deutschen so oder ähnlichen sprechen mußten, weil sie es (*mangels Informationsmöglichkeiten*) nicht besser wußten oder weil sie sich und andere nicht der Gestapo ans Messer liefern wollten.

Was aber kann heute, im Jahre 1961, Menschen, zumal Bundeswehrsoldaten, zu solch *haßerfüllten, ehrabschneidenden* Ausfällen veranlassen, nachdem sie seit Jahren lesen, sehen und hören können, welche Ungeheuerlichkeiten die Männer und Frauen damals in den Widerstand trieben? Wie können Menschen heute schreiben, „der 20. Juli war keine Leistung", die Zeitgenossen des Eichmann-Prozesses sind und obendrein vom Beispiel des 17. Juni 1953 genau wissen, was ein *Aufstand gegen ein Gewaltsystem* heißt?

Man fragt sich bestürzt, ob sie noch nie einen Verwandten, Bekannten, Vorgesetzten oder Kameraden trafen, der ihnen den ausweglosen Konflikt nahebrachte, in den ein <u>amoralisches</u> System gerade die Besten stellt. Sie haben offenbar noch immer nicht begriffen, daß *Bautzen* um nichts schlimmer ist als *Belsen, Auschwitz* und all die vielen Konzentrationslager unter Hitler; *daß man füglich Pankow nicht verabscheuen kann, ohne auch das NS-Regime zu verurteilen.* Für sie muß es reiner Zufall sein, daß der Arbeitersprecher vor dem

Haus der Ministerien im Ostsektor am 16. Juni 1953 bereits fünf Jahre in den KZ des Dritten Reiches gesessen hatte.

Wo und wofür steht denn eigentlich der Soldat der Bundeswehr, wenn er Menschen kollektiv ablehnt, die *Widerstand gegen ein Gewaltsystem* leisten? Wodurch unterscheidet er sich vom Soldaten der NVA, dem man keineswegs von vornherein den guten Willen absprechen kann, ebenfalls für „Deutschland" zu stehen und manche soldatische Tugend wie Tapferkeit, Unbestechlichkeit und Pflichttreue zu üben? Und was hat sich dieser Stabsunteroffizier eigentlich bei seiner Vereidigung unter „Freiheit und Recht des deutschen Volkes" gedacht – offenbar nur Freiheit und Recht der Nation nach außen. Wohin solche Vorstellungen zwangsläufig führen, lehrt uns die Innen- und Außenpolitik Hitlers.

Ich habe einmal einen Bundeswehrsoldaten, der die Soldaten des Widerstandes wegen ihres Eidbruchs für unzuverlässig erklärte, fragen müssen, ob er den gleichen Vorwurf auch gegen einen Angehörigen der VOPO oder der NVA erhebe, der zum Beispiel am 17. Juni 1953 den Befehl, auf Wehrlose zu schießen, verweigerte, oder gegenüber einem, der sich nach Westen abgesetzt, vielleicht sogar mit den Arbeitern Widerstand gegen das SED-Regime geleistet habe. Wer auch auf diese Frage mit ja antworte, müssen sich ernstlich überlegen, *ob er nicht besser nach „drüben" passe*, das heißt, in ein System, das jede menschliche und sittliche Verantwortung leugnet, das den Menschen zum gewissenhaften Kampfmittel, zum gefügigen Betriebsmaterial herabwürdigt.

Der Einwand, die Anerkennung des Widerstandes mache die Bundeswehr unzuverlässig, geht auf ein Mißverständnis zurück. Man verwechselt *Widerstand* mit *Gehorsamsverweigerung*, das heißt, einen revolutionären Akt mit einer rein soldatischen *Fachfrage*.

Widerstand ist der Versuch, einen *Unrechtsstaat* mit Gewalt zu beseitigen, um menschenwürdige Verhältnisse wiederherzustellen. Er ist nur dort legitim, wo die Sicherheitsventile einer Demokratie wie freie Presse, Opposition und Gerichte außer Kraft gesetzt wurden; Tatbestände also, die *offenkundig* zu Tage liegen und über die es keinen Zweifel geben kann.

Das gleiche gilt für *Gehorsamsverweigerung*. Auch hier setzt das *Soldatengesetz* klare Maßstäbe dafür, wann ein Befehl bindend ist und wann nicht. Daß es freilich auch hier wie überall im menschlichen Dasein *Grenzfälle* gibt, ist eines der Risiken, die freiheitliches Leben in sich schließt, und die ertragen werden müssen. Sie „auszumerzen", um alles abzusichern, wäre ein Schritt auf dem Weg zum Totalitarismus.

Die Meinung, der gewissenlose und vorbehaltlos funktionierende Mensch, das heißt, der Soldat des *unbedingten Gehorsams*, sei allein zuverlässig, widerspricht jeder Erfahrung. Der *ferngesteuerte* Vorgesetzte, Kamerad oder Untergebene ist vielmehr unberechenbar. Er kann im Auftrag bespitzeln, zu gefährlichen Aussagen verführen, unter Druck setzen und wie die erpreßten Niederträchtigkeiten alle heißen, die das tägliche Leben im totalitären Bereich zur Hölle machen. Überdies mag jeder Kriegsteilnehmer sich daran erinnern, daß höchste Autorität und größtes Vertrauen der Vorgesetzte genoß, von dessen *gewissenhafter* Führung man überzeugt war; von dem man genau wußte, daß er nicht jeden Befehl ausführen würde.

Am Ende sei noch angemerkt, daß eine solcher „Version" von Gehorsam für einen *Christen* untragbar ist; er hat im Konfliktfall Gott mehr zu gehorchen als den Menschen. Das machte ihn bereits im heidnischen Rom so verdächtig.

62,3
Gedenkrede zum 20. Juli 1944 vor den Offizieren und Unteroffizieren von AFCENT und LANDCENT am 20. Juli 1962

Wir werden der Bedeutung des heutigen Tages wohl an ehesten gerecht, wenn wir miteinander drei Fragen zu beantworten suchen:

Was geschah heute vor 18 Jahren?

Wer waren die Verschwörer, wen repräsentierten und was wollten sie?

Was haben sie uns zu sagen?

1.   Zum besseren Verständnis dessen, was sich am 20. Juli 1944 ereignete, wollen wir mit einem kurzen Blick auf die großen Zusammenhänge beginnen:

Seit dem Frühjahr 43 war die „Festung Europa" von allen Seiten angegriffen; die Achsenmächte sind in die Defensive gedrängt. „Wie dieser Krieg einmal enden soll, das kann kein Mensch vorhersagen", hatte der Chef des WFSt [Wehrmachtführungsstab] vor Gauleitern bereits im November 43 erklärt; er rettete sich im nächsten Satz vor allen sachlichen Konsequenzen dieser Erkenntnis in das Irrationale:

„Deutschland wird siegen, weil wir siegen müssen; denn sonst hätte die Weltgeschichte ihren Sinn verloren."

Angeblicher Sinn dieser „Weltgeschichte" und das erklärte Ziel Hitlers ist das „Großgermanische Reich" zwischen Eis- und Mittelmeer, Atlantik und Ural als Vorstufe zur Weltherrschaft. In diesem riesigen Führerstaat werden – so Hitler – „Fragen von Recht und Unrecht überhaupt nicht zu Diskussion" stehen; Partei und SS werden uneingeschränkt herrschen, während die „Rassenfeinde", die Andersdenkenden und die „Minderwertigen" sichere Vernichtung erwartet. Den Ostvölkern ist ein Sklavendasein zugedacht. Die totale Mobilisierung der Bevölkerung Europas und ein täglich wachsender Terror sind der Auftakt für dieses Endziel.

Von Juni an verschlechtert sich die militärische Lage zusehends: im Osten droht die doppelte Katastrophe bei der Heeresgruppe Mitte und in Rumänien; Ostpreußen und Balkan sind bedroht; der Ausbruch aus dem Brückenkopf Normandie steht unmittelbar bevor. Feldmarschall Rommel meldet am 15.7., dass der ungleiche Kampf sich dem Ende zuneige. „Ich muss Sie bitten", telegraphiert er an Hitler, „die Folgerungen aus dieser Lage unverzüglich zu ziehen." Er denkt dabei an politische Konsequenzen; denn auch der Luftkrieg ist bereits zugunsten der Alliierten entschieden; ihre Luftflotten fliegen unter abnehmenden Verlusten Tagesangriffe über ganz Deutschland und das besetzte Europa; die Ohnmacht der Marine zeigte sich bei der unbehinderten Invasion.

Diese Entwicklung beeinflusst auch die Entschlüsse der Widerstandsgruppe um Beck und Goerdeler; zumal die Aussicht auf einigermaßen erträgliche Friedensbedingungen – selbst für ein anderes Deutschland – dahinschwindet. Einen Augenblick scheint man geneigt, den Dingen ihren Lauf zu lassen – schon um keiner neuen Dolchstoßlegende Vorschub zu leisten. Doch dann setzt sich der Wille durch, „um der moralischen Rehabilitierung Deutschlands willen" – wie Planck es ausdrückt –, das Attentat erneut und sobald als möglich zu wagen. Man hofft damit auch, das Eindringen sowjetischer Truppen zu verhindern und weitere unnötige Verluste zu ersparen. General von Tresckow, Chef der 2. Armee, schreibt das entscheide Wort:

> „Das Attentat muss erfolgen, coûte que coûte. Sollte es nicht gelingen, so muss trotzdem in Berlin gehandelt werden. Denn es kommt nicht mehr auf den praktischen Zweck an, sondern darauf, dass die deutsche Widerstandsbewegung vor der Welt und vor der Geschichte den entscheidenden Wurf gewagt hat. Alles andere ist daneben gleichgültig."

Oberst i.G. Graf Stauffenberg, seit einem Jahr Mitglied der Verschwörung und ihr Motor, hat als Chef AHA [Allgemeines Heeresamt] die organisatorischen Vorbereitungen für den Umsturz vollendet. Mit dem 1.7. erhält er als Chef BdE [Befehlshaber des Ersatzheeres] Zugang zu den Lagebesprechungen Hitlers und übernimmt trotz seiner schweren Versehrtheit – ihm fehlen ein Auge, die rechte Hand und zwei Finger der linken – darüber hinaus die Ausführung des Attentats.

Als heute vor 18 Jahren um 07.00 Uhr Graf Stauffenberg aus Berlin nach Ostpreußen abfliegt, liegen tief bewegende Tage hinter ihm: Leber und Reichwein, seine sozialdemokratischen Freunde, Mitwisser der Verschwörung und vorgesehene Mitglieder der neuen Regierung sind plötzlich verhaftet worden, Admiral Canaris und General von Falkenhausen abgesetzt, Marschall Rommel ist schwer verwundet; 2 aussichtsreiche Attentatsversuche am 11. und 15.7. mußte Stauffenberg in allerletzter Minute an Ort und Stelle abbrechen.

12 Uhr 30 – also fast um diese Stunde – beginnt im Teehaus der Wolfsschanze die sogenannte Führerlage. Als Stauffenberg 12 Uhr 37 den Lageraum betritt, trägt General Heusinger gerade die verzweifelte Situation der Heeresgruppe Mitte vor, um erneut auf den längst fälligen Absetzbefehl zu dringen. Nachdem Stauffenberg die Aktentasche mit der bereits gezündeten Bombe unter den Tisch in die Nähe Hitlers gestellt hat, verlässt er den Raum unter einem Vorwand; er sieht 12 Uhr 42 aus 200 Meter Entfernung die Explosion und erreicht, unter Schwierigkeiten, das wartende Flugzeug mit der inneren Gewissheit, dass Hitler tot sei.

15 Uhr 30, bei seiner Landung in Rangsdorf, muß Stauffenberg feststellen, dass 3 kostbare Stunden vertan sind: der „Walküre-Alarm" wurde nicht ausgelöst; weder Rundfunk und Fernmeldezentralen, noch das Regierungsviertel und SS-Kasernen abgeriegelt. Nachdem der Fehlalarm des 15.7. bereits Verdacht erregt hatte und die Attentatsmeldung aus der Wolfsschanze Hitlers Tod nicht eindeutig bestätigte, hat man in der Bendlerstraße bis jetzt gezögert.

Während Stauffenberg das Versäumte nachzuholen versucht, wird der BdE General Fromm fernmündlich durch Keitel über die nur leichten Verletzungen Hitlers und die mutmaßliche Täterschaft Stauffenbergs unterrichtet – die über das FHQ verlegte

Nachrichtensperre hat nur bedingt funktioniert. Diese Tatsache ermöglicht die Gespräche Hitlers mit Goebbels und Reimer sowie um 18.45 die entscheidende Sondermeldung des Deutschlandsenders über das mißglückte Attentat. Damit ist das Schicksal des Aufstandes besiegelt.

Bestürzung und Unsicherheit greifen bei den Befehlsstellen inner- und außerhalb Berlins um sich. Nur in Wien und Paris werden die angeordneten Verhaftungen der SS- und Parteiführer durchgeführt; der einzige operative Befehl Becks erlaubt der Heeresgruppe Nord auf Ostpreußen zurückzugehen.

Kurz vor Mitternacht begeht Generaloberst Beck Selbstmord; wenig später werden General Olbricht, Graf Stauffenberg, Oberst Merz von Quirnheim und Oberleutnant von Haeften im Hof der Bendlerstraße erschossen. Sie fallen mit dem Ruf: „Es lebe unser heiliges Deutschland."

Um 01.00 Uhr ertönt Hitlers Stimme über alle Sender: „Eine ganz kleine Clique ehrgeiziger, gewissenloser und zugleich verbrecherischer, dummer Offiziere hat ein Komplott geschmiedet."

2. *War es wirklich nur diese „ganz kleine Clique"?*

Damit stehen wir vor unserer zweiten Frage, die sich am einfachsten mit dem Hinweis auf etwa 7.000 Verhaftungen und fast 5.000 Todesurteile im Zusammenhang mit dem 20. Juli beantworten lässt. Aber das ist nicht das Entscheidende: gewiss stand hinter dem Attentat keine Volksbewegung, aber es war genauso wenig ein Militärputsch wie ein Staatsstreich von einzelnen Revolutionären. Hier hatte sich eine geistige und sittliche Elite aller nicht-totalitären Weltanschauungen aus allen Schichten, Berufen, Landesteilen und Generationen von Frauen und Männern zusammengefunden in tiefer Empörung gegen das, was an Unmenschlichkeit und Unrecht im deutschen Namen durch Deutsche auf Anordnung einer deutschen Regierung geschah. Sie hatten bald erkannt, daß die innere Freiheit nur noch mit einer schweren außenpolitischen Niederlage erkauft werden könne, und sich deshalb über alle politischen Gegensätze hinweg – kamen sie doch aus konservativen, liberalen, demokratischen und sozialist[isch]en Lagern, aus den Kirchen und dem Freidenkertum – zu einem gemeinsamen Programm durchgerungen. Es ging ihnen dabei, wie Moltke es formulierte, um die Neuordnung „des rechten Verhältnisses zwischen Verantwortung und Anspruch". Daß die Soldaten die sichtbare Vorhut bilden mußten, gebot der Charakter des Regimes wie die Besonderheit der Stunde.

3. *Was sagt uns der 20. Juli 1944 heute?*

Das Attentat bringt faktisch keinen Erfolg: Hitler fühlt sich durch den offensichtlichen Eingriff der Vorsehung abermals bestätigt und zu wütender Rache veranlasst; Himmler frohlockt über den willkommenen Unzuverlässigkeitsbeweis des Heeres und insbesondere des Generalstabes, der seinen Plan begünstigt, nach dem „Endsieg" die Wehrmacht" durch die SS zu ersetzen. Freissler beendet den ersten großen Prozeß mit den triumphierenden Worten: „Wir haben die Gefahr abgeschüttelt; wir marschieren mit totaler Kraft zum Totalsieg."

Weder außenpolitisch noch militärisch ändert sich die Lage. Die Alliierten sind sich ihrer wachsenden Überlegenheit bewußt; deutsche Mithilfe beim Zusammenbruch liegt nicht in der Linie des „unconditional surrender".

„Die Welt bitte ich, unseren Märtyrertod als Buße anzunehmen für das deutsche Volk", schreibt Goerdeler in seinem Abschiedsbrief und gibt damit – jenseits aller Bitterkeit oder Rachegedanken über furchtbares persönliches Schicksal – einer Opferbereitschaft Ausdruck, die des äußeren Erfolges und der Anerkennung durch die Welt nicht mehr bedarf.

Es ist ein geschichtliches Ereignis von hohem Rang, daß hier – in einer Welt des übersteigerten Nationalismus und äußerster Bedrohung von innen und außen – eine so große Gemeinschaft von Menschen das Gewissen höher achtete, als das Leben; das Recht anderer Menschen und Völker höher, als die äußere Macht des eigenen Staates – die innere höher als die äußere Freiheit. Hier erhoben sich Menschen, die nicht anders konnten, weil Gewissen und Verantwortung, Freiheit und Menschenwürde für sie noch Wirklichkeiten zwingender Kraft waren.

Wir alle haben geschworen, Freiheit und Recht des deutschen Volkes tapfer zu verteidigen.

Das bittere Schicksal unseres Volkes seit 1933 hat gelehrt, dass Freiheit und Recht in einem Staat durch seine Bürger selbst bedroht sind: durch Trägheit und Gleichgültigkeit, durch Mangel an Wachsamkeit und Civilcourage, durch Opportunismus oder durch mißverstandenen „Idealismus".

Es hat uns gezeigt – und jenseits der Demarkationslinie müssen es bis heute Menschen erfahren – wie unerträglich jede Gewaltherrschaft ist; aber auch wie schwer es ist, die einmal verlorene Freiheit wieder zurück zu erlangen. Totalitäre Regime beherrschen die Massen durch ein raffiniertes Gemisch von Terror und Verlockungen, durch geschickten Appell an ihre guten wie schlechten Eigenschaften, während die freiheitlichen Kräfte in hoffnungsloser Isolierung vereinsamen.

Die Geschichte des deutschen Widerstandes – in all seinen Phasen über den 20. Juli 44 bis hin zu den Ereignissen des 17. Juni 53 – warnt uns eindringlich vor dem Zu-Spät. Darüber hinaus gibt sie uns leuchtende Beispiele selbstloser Tapferkeit und Aufopferung; Vorbilder unerschütterlicher Überzeugungstreue und sittlicher Verantwortung in auswegloser Situation.

Wir hier im freien Westen haben die unverdiente Chance, verhältnismäßig risikolos aus der bitteren Erfahrungen zu lernen und die freiheitlichen Traditionen unseres Volkes ungehindert weiterzuführen. Gerade wir Soldaten dürfen sie nicht achtlos beiseite schieben, denn der Wille zur Verteidigung kann heute nur noch aus der Liebe zur Freiheit erwachsen; sie allein gibt Kraft und Berechtigung, notfalls die Existenz der Menschheit aufs Spiel zu setzen, um der Unfreiheit zu widerstehen.

64,7

Vorwort

zu Heinrich Fraenkel und Roger Manvell: Der 20. Juli. Berlin, Frankfurt, Wien 1964

Zwanzig Jahre sind seit dem 20. Juli 1944 vergangen. Sie haben uns kein unbefangenes Verhältnis zu diesem Tage finden lassen. Heute wie damals sind die Gefühle gespalten und widersprüchlich. Das ist kein Zufall, sondern Ausdruck einer weithin mangelnden Beziehung zum Widerstand im Dritten Reich schlechthin. Freilich, man hört Festreden an und fühlt sich dabei fast wie ein mutiger Bekenner. Man verteidigt die Attentäter in wohlgesetzten Worten; man bescheinigt ihnen auch, daß sie – zumindest subjektiv – im Recht waren. Aber man spricht auch von „Verrat an der kämpfenden Truppe" oder ereifert sich in vordergründiger Kritik etwa darüber, warum Graf Stauffenberg „nicht mit der Pistole geschossen" oder „sich selbst geopfert" habe. Kurz: man entzieht sich auf breiter Front dem mahnenden Anruf derer, die in Deutschlands dunkelsten Tagen durch ihren Widerstand gegen ein unmenschliches System Leib, Leben und Ehre wagten.

Diese Haltung ist weder verwunderlich noch Grund zum Verzweifeln. Der Nationalsozialismus war gewiß nicht die einzige in Deutschland mögliche Entwicklung nach dem ersten Weltkrieg, aber auch keine zufällige. Eine Vielzahl geschichtlich bedingter Geisteshaltungen und Weltanschauungen unfreiheitlicher Prägung hatten den Boden für ein solches System aufnahmebereit – zumindest für den Krisenfall seinen Verlockungen und Drohungen gegenüber anfällig und wehrlos gemacht. In Jahrhunderten hatten sich Traditionen entwickelt und eingewurzelt, denen Widersetzlichkeit gegen jede Art von Obrigkeit fern lag, ja verbrecherisch erscheinen mußte; sie lassen sich nicht von heute auf morgen aufheben. Ihr beharrendes Moment widerstand selbst dergleichen Katastrophen, wie wir sie zwischen Machtergreifung und bedingungsloser Kapitulation erlebten, und es bedarf der Zeit, um sie zu revidieren und sich freiheitlichen Traditionen zu verpflichten.

Diese Neubesinnung halte ich allerdings für einen Prozeß von schicksalhafter Bedeutung; denn erst gemeinsam anerkannte Überlieferung schafft allgemeinverbindliche Wertvorstellungen; erst sie gibt dem einzelnen Verläßlichkeit, Maß und Halt in einer unüberschaubar gewordenen Welt. Wo Traditionen den Maßstab für „anständig" und „unanständig" setzen, durchwirken sie den Alltag und sind gerade dort mächtig, wohin Gesetz und Gericht nicht reichen. Überlieferungen sind nicht Selbstzweck, sondern Lebenshilfe. Sie sind nicht einfach vorgegeben, um wahllos hingenommen zu werden. Traditionen entstehen täglich neu im Ringen mit den Aufgaben der Gegenwart. Sie suchen ihre Bestätigung in Vorbildern der Vergangenheit und erinnern sich an Zeiten und Gestalten, die ähnlichen Problemen gegenüberstanden; das gehört zur Geschichtlichkeit menschlichen Lebens. So hat Tradition, meine ich, mehr mit der Grundhaltung der Lebenden, mit ihrer besonderen Situation und mit ihren Vorstellungen von der Zukunft zu tun als mit der Vergangenheit. Das beweist schon die Tatsache, daß Leitbilder und Inhalte häufig denen der Vätergeneration widersprechen.

Wer zu freiheitlichem Leben entschlossen ist, muß sich auf das besinnen, was für Freiheit, Recht und Menschenwürde durch die Jahrhunderte in Staatstreue und Widerstand, innerhalb und außerhalb der Kirchen, rechts und links, in Nord und Süd, in den verschiedensten Ständen, Berufen und Gruppen gedacht und getan, gelitten und erkämpft wurde. Jede Generation sieht sich vor der Notwendigkeit, auszuwählen und zu optieren; sie wird sich ihr nicht entziehen, sofern sie Verantwortungsgefühl, schöpferische Energien und politischen Gestaltungswillen besitzt. Diese Verpflichtung stellte sich selten dringlicher als heute. Wir haben nicht nur einige Akzente neu zu setzen, sondern ein Menschenbild und seine Ordnung zu entwickeln, die den Bedrohungen des Totalitären und Technischen standhält und menschenwürdige Existenz in einer gewandelten Welt ermöglicht. Hier liegt die wesentliche Bedeutung des 20. Juli und des Widerstandes. In diesem Aufstande bündeln sich sichtbar die vielen Linien freiheitlichen Denkens; sie lassen sich weit zurückverfolgen und rufen zur Nachfolge auf.

Die Breite und Vielfalt der freiheitlichen Kräfte, aber auch ihre Kompromißlosigkeit dem Unmenschlichen gegenüber, sind für uns bedeutsam und hilfreich. Die Widersprüchlichkeit der Auffassungen über Weg und Ziel, das lange Nebeneinander der einzelnen Gruppen inmitten totaler Bedrohung mag zunächst unbegreiflich und unverständlich erscheinen. Doch darf nicht übersehen werden, daß sich, allen Erschwernissen des totalitären Regimes zum Trotz, im Widerstand Menschen zusammenfanden, nicht nur um eine noch immer populäre Herrschaft zu brechen, sondern darüber hinaus eine neue Ordnung zu entwerfen, in der es galt, Recht und Freiheit wieder einzusetzen. Hier ging es nicht um Deutschland allein, sondern um Europa, das mit Deutschland, nicht zuletzt durch Hitlers Verbrechen, schicksalhaft verbunden war; hier ging es nicht um Rache, sondern um Wiederherstellung des entstellten Menschenbildes, um Sühne und Frieden. Bei aller Einmütigkeit im Grundsätzlichen und wachsender Kompromißbereitschaft im Sachlichen bedurfte es eines langen, oft zermürbenden Ringens um die politische Lösung, deren Voraussetzungen sich mit fortschreitendem Krieg mehr und mehr verschlechterten. So belastend die Gegensätzlichkeiten für die Beteiligten waren, so verwirrend sie auch heute noch sein mögen, die endliche Einheit in Vielfalt ist ein verheißungsvoller Ansatz für uns. In der pluralistischen Gesellschaft leben die einzelnen aus den verschiedensten, oft gar nicht mehr bewußten und definierbaren Überlieferungen. Diese Mannigfaltigkeit der weltanschaulichen, politischen, regionalen und beruflichen Traditionen zugunsten einer einzigen aufzugeben, ist nicht möglich und nicht einmal wünschenswert. Jeder noch so wohlmeinende Versuch in dieser Richtung wäre Gewissenszwang und damit das Ende der freiheitlichen Ordnung.

Fast alle Traditionslinien haben ihre freiheitlichen und unfreiheitlichen Ausprägungen. Das mag die geschichtliche Rückschau komplizieren; dem vor die Entscheidung Gestellten erleichtert es die Option für die ihm gemäße der freiheitlichen Überlieferungen. Im Widerstand gegen Hitler schlossen sich unter dem Zeichen der Freiheit zu gemeinsamer Aktion zusammen: die Konservativen Goerdeler und Lejeune-Jung, die Sozialisten Leuschner und Mierendorff, die Theologen Bonhoeffer und Delp, die Preußen Kleist und Tresckow, die süddeutschen Bolz und Guttenberg, die Diplomaten Trott und Hassell, die Soldaten Stauffenberg und Oster, die jugendlichen Geschwister Scholl und der Gewerkschafter Leber. Selbst diejenigen, die gleich Helldorf und Nebe dem Nationalsozialismus nahestanden, mögen an deren Beispiel die Grenzen sittlich gegründeter Loyalität erkennen. Diese Namen stehen mit vielen anderen stellvertretend für die zahllosen Unbekannten, die Verfolgten beistanden, als Ehefrauen, Verwandte oder Freunde gefährliche Zwischendienste leisteten, Verbindung mit Häftlingen aufnahmen und jeder an seinem Platz, passiv oder aktiv, dem Opportunen tapfer widerstanden. Hier liegt ein Erbe, dessen Bedeutung für die staatsbürgerliche Bildung noch nicht genügend erkannt wurde.

Der Widerstand wird häufig an seinem Mißerfolg gemessen; das mag, politisch gesehen, gewisse Berechtigung haben, trifft jedoch nicht den Kern. Das Vorbildliche und Verpflichtende seiner Überlieferung liegt, wie ich meine, gerade darin, daß Menschen ohne Aussicht auf greifbaren Erfolg, ja oft nicht einmal mit der Aussicht, gehört und bemerkt zu werden, ihrem Gewissen folgten und sich dem Strom entgegenstemmten. Für alle diejenigen, denen ein Leben unter totalitären Verhältnissen erspart blieb, mag es schwer sein, die heldenmütige Haltung vieler Widerständler zu ermessen. Es waren rechtsstaatlich gesonnene Patrioten, die ohne Hilfe oder Anerkennung von außen und ohne von einer starken Volksbewegung getragen zu werden, sich zu ungesetzlichem Handeln, zu Ungehorsam, ja zu Landesverrat durchrangen. Man übersieht im Rückblick leicht, was es zu Kriegszeiten und bei noch uneingeschränkt geltenden nationalstaatlichen Kategorien bedeutete, die Niederlage des eigenen Volkes dem Endsieg des Nationalsozialismus vorziehen zu müssen. Freilich sahen die führenden Männer des Widerstandes Charakter und Wirkung des Regimes klarer, als die meisten Deutschen es unter den waltenden Umständen konnten. Doch steht neben ihnen die nicht unbeträchtliche Zahl derer, die ihre Erkenntnis teilten, ohne zu ähnlichem Entschluß zu gelangen. Mir liegt es fern, die Menschen des Widerstandes zu heroisieren und ihre Schwächen zu leugnen. Gerade ihre Unzulänglichkeit unterstreicht die sittliche Leistung, bringt uns die Menschen nahe und macht sie beispielhaft.

In Diskussionen wird oft davor gewarnt, den Ausnahmecharakter des Dritten Reiches und damit des Widerstandes zu übersehen. Das ist berechtigt im Blick auf voreilige Schlußfolgerungen, die den Gehorsamsanspruch des Rechtsstaates oder die Spielregeln demokratischer Gesellschaft in Frage stellen. Wird dieses Argument indessen als Kunstgriff benutzt, um die Gewissen und die kritische Wachsamkeit der Staatsbürger einzuschläfern, um die Traditionen und Lehren des Widerstandes beiseite zu schieben, beschritte man einen gefährlichen Weg. Nur wenn möglichst viele Menschen die letzten von den vorletzten Werten zu unterscheiden wissen, werden wir der Bedrohungen unserer Zeit Herr werden.

Die Besinnung ist zweifellos ein personaler Vorgang; er bedarf allerdings des helfenden Gesprächs und gewisser Kenntnisse über Vergangenheit und Gegenwart. Die Bedeutung des Widerstandes als Traditionsquelle kann gar nicht überschätzt werden. Jeder ernsthafte Versuch, neues Licht in die verwickelten Vorgänge und neuen Anstoß zum Durchdenken zugeben, ist daher zu begrüßen. Freilich ist die Erforschung des deutschen Widerstandes in erster Linie eine deutsche Aufgabe; doch dringt der Blick von außen unter Umständen tiefer und verhilft zu unvoreingenommenerem Urteil. Ich halte es für ein ausgesprochenes Verdienst des Verlages, dieses Buch in deutscher Übersetzung einem breiten Leserkreis zugänglich zu machen. Auf uns Deutsche wirkt es fast beschämend, wie selbstverständlich die englischen Verfasser Hintergrund und Kenntnisse über Widerstand und Nationalsozialismus voraussetzen und wie weit sie sich mit dem Schicksal der am 20. Juli Beteiligten identifizieren. Damit wird allerdings manches, wie z. B. der Pluralismus des Widerstandes, das organisatorische Versagen der Bendlersstraße und die Tragik des Aufstandes mehr mit den Augen der damals Beteiligten als mit den unsrigen gesehen. Das ist kein Schade, sei aber angemerkt. Der Widerstand bewies der Welt, daß es auch ein „anderes" Deutschland gibt; damit wurde ein gemeinsamer Weg in die europäische und atlantische Zukunft möglich. Seine Traditionen verbinden uns sowohl mit denen, die jenseits des Eisernen Vorhanges unter der Unfreiheit leiden, als auch mit denen, die sich zur Förderung und Verteidigung der Freiheit zusammenfanden. Seine Geschichte zeigt, was auch heute noch auf dem Spiele steht; sie warnt, wie schier unmöglich es ist, das einmal Verlorene aus eigener Kraft wiederzugewinnen; sie lehrt uns, aus welcher Haltung heraus und mit welchen Kräften im Bunde die freiheitliche Ordnung allein zu bewahren und zu entwickeln ist.

64,11
Zum 20. Juli 1944. Ansprache für die Feierstunde zum Jahrestag der deutschen Erhebung in der Bonner Beethoven-Halle am 20. Juli 1964

Die ehrenvolle Aufforderung, heute Abend hier vor Ihnen zu sprechen, wäre schwerlich an mich ergangen, noch hätte ich sie annehmen mögen, wenn nicht auch und gerade Soldaten an hervorragender Stelle Leben und berufliche Existenz im deutschen Widerstand gegen Hitler eingesetzt hätten. Gleich manchen anderen hätte auch ich nie wieder die Uniform anziehen wollen, wenn es nicht jene Soldaten gegeben hätte, die entgegen allen damals geltenden Begriffen und im Gegensatz zur überwiegenden Zahl ihrer Kameraden und Mitbürger »das Nessushemd" des Widerstandes anzogen, wie Henning von Tresckow es in einem seiner letzten Briefe ausdrückt. Ich darf wörtlich zitieren:

> »Wer in unseren Kreis getreten ist, hat damit das Nessushemd angezogen. Der sittliche Wert eines Menschen beginnt erst dort, wo er bereit ist, für seine Überzeugung sein Leben hinzugeben.«[128]

Die Entscheidung dieser Menschen, für Freiheit, Menschenwürde und Recht alles, selbst den Vorwurf ehrlosen Verrates, auf sich zu nehmen und das Risiko einer Niederlage des eigenen Volkes der Fortdauer oder gar dem Sieg des Unmenschlichen vorzuziehen, ja, schließlich die Tat ohne Aussicht auf praktischen Erfolg zu wagen, begründete meine Hoffnung auf freiheitlich gesonnene Soldaten, in einem neuen Staate. Hier war eine Gewissensentscheidung getroffen worden, die ihre Rechtfertigung allein aus dem Gesetz sittlicher Verpflichtung bezog. Damit war ein Vorbild bester soldatischer Überlieferung vorgelebt, an das man würde anknüpfen können.

---
[128] Diesen Satz sagte Tresckow zu seinem Vetter Schlabrendorff am 21. Juli 1944, also als Vermächtnis für dessen Überleben; s. Bodo Scheurig: Henning von Tresckow. Eine Biographie. Oldenburg und Hamburg 1973(3), S. 191.

Aber auch neben Herrn Ludwig Rosenberg, dem Vorsitzenden des Deutschen Gewerkschaftsbundes, könnte ich heute nicht in Unbefangenheit sprechen, wenn nicht Gewerkschaftsführer und Offiziere im Widerstand nebeneinandergestanden hätten; wenn es nicht die Freundschaft zwischen Leber und Stauffenberg, Schulenburg und Leuschner gegeben hätte. Das gleiche gilt für die Beziehung von uns Soldaten der Bundeswehr zu allen freiheitlichen Kräften unseres Volkes, die aus religiösen, sogenannten rassischen, politischen oder gesellschaftlichen Motiven unter der Gewaltherrschaft gelitten oder sich geopfert haben. Es gilt darüber hinaus für unser Verhältnis zu ihren Kindern, die heute als Kameraden und Untergebene in unseren Reihen stehen.

In gemeinsamer Frontstellung gegen das Unrecht setzten sich die Männer und Frauen des Widerstandes über alle fiktiven Schranken überkommener Vorurteile und Gegnerschaften hinweg in der Erkenntnis, dass die lebensentscheidenden Werte nur gemeinsam zu verteidigen und zu wahren sind. Sie haben in leidvoller Erfahrung entschieden, wo die Grenzlinie verläuft und welchen Kräften wir alle – auch wir Soldaten von heute – in Wirklichkeit verbunden und verpflichtet sind.

»... die einzige Spaltung, die es in Deutschland geben darf, ist die zwischen anständig und unanständig...«, schreibt Goerdeler in seiner Denkschrift für die Generalität vom März 1943 und interpretiert »anständig« als Kräfte, die weder reaktionär noch radikal oder illusionistisch sind. Dieses Wort sollte uns allen zu Herzen gehen und uns helfen, die schmerzlichen Fronten von damals, da sich die Welt in Widerständler und Nichtwiderständler teilte, zu überwinden. Goerdeler und die anderen Verschwörer fühlten sich selbst zum aktiven Handeln verpflichtet, verkannten dabei aber nicht, dass es viele Deutsche gleichen Geistes gab, die aus Mangel an Übersicht oder an Gelegenheit nicht bis zum Widerstand vorstießen, jedoch versuchten, in ihren Verantwortungsbereichen das Unrecht zu mildern. Für diese Klärung können wir gar nicht dankbar genug sein, und ich meine, es ist ein wesentlicher Sinn solcher Gedenktage, sich dieses Vermächtnisses zu erinnern, um es auch in den Erscheinungen und Reibungen des Alltags zu beherzigen.

In den Jahren meiner Arbeit in integrierten Stäben der NATO, insbesondere als Kommandeur der einzigen Ausbildungsstätte für zivile und militärische Führungskräfte des Bündnisses, habe ich täglich gespürt, wie viel wir den Männern und Frauen verdanken, die in tödlicher Bedrohung das lebten, was uns heute so leicht über die Lippen geht. Unter den Lehrgangsteilnehmern des NATO Defense College, mit denen ich mich jeweils während eines halben Jahres um die Grundlagen des Bündnisses mühe, sind stets mehrere, deren Angehörige oder die selbst die Willkür des Dritten Reiches erfuhren. Manche Familien wurden, ohne in Kriegshandlungen verwickelt zu sein, »ausgemerzt«, wie es in der NS-Terminologie hieß. Wie sollte ich mit ihnen zusammenleben, mit ihnen über die gemeinsame Verteidigung von Freiheit und Recht sprechen, und wie könnte ich glaubwürdig die Forderungen des Bündnisses vertreten, wenn nicht auch deutsche Soldaten gegen Unfreiheit und Unrecht aufgestanden wären? Diese Soldaten haben gemeinsam mit allen Kräften des Widerstandes ein Zeichen aufgerichtet für das andere Deutschland, als dessen Erben allein wir heute als verlässliche Partner angesehen werden.

Freiheitliche Traditionen

Ich spreche zwar hier nicht im Namen der Bundeswehr – dazu gibt mir meine jetzige Verwendung keine Berechtigung. Doch sei es mir gestattet, als »Staatsbürger in Uniform« einige persönliche Gedanken zur Bedeutung des 20. Juli 1944 und des Widerstandes überhaupt für den Beruf des Soldaten darzulegen. Im Zuge der Revolutionen, welche die alten Ordnungen aushöhlten und fiktiv werden ließen, verlor auch die Gesittung vergangener Tage ihre tragende Kraft. Dieser Tatbestand erklärt die Wehrlosigkeit so vieler Idealisten gegenüber den Verlockungen des Nationalsozialismus.

Dass wir bis heute noch nicht genügend allgemeinverbindliche neue Begriffe, Symbole und Wertvorstellungen finden und entwickeln konnten, beunruhigt uns alle – am allermeisten den, der mit Menschenführung zu tun hat. Immerhin, eins ist nach den Erfahrungen der jüngsten Vergangenheit zur gemeinsamen Erkenntnis aller Einsichtigen geworden: erneute Flucht in eine Ideologie kann uns nicht aus dem Dilemma helfen. So bequem die Selbstaufgabe in einem der totalitären Systeme und so verführerisch die Teilhabe an ihrer übermächtigen Gewalt auch manchem erscheinen mag – niemand weiß besser als wir Deutschen, mit welchen Opfern an menschlicher Substanz dergleichen Zwangsgeborgenheit bezahlt wird.

Für denjenigen der nicht daran zweifelt, dass nur freiheitlich-rechtsstaatliche Wege zu gesichertem, menschenwürdigem Dasein führen, für den kann es auch keinen ernsthaften Zweifel daran geben, dass allein freiheitliche Traditionen bei diesem Beginnen helfen können. Solche Überlieferungen gibt es in der deutschen Geschichte in großer Zahl, wenn sie auch nur selten bestimmenden Einfluss gewannen.

Im Widerstand gegen den Nationalsozialismus finden sie zum ersten Mal zusammen und verkörpern sich in den vielen Frauen, Männern, Alten und Jungen aus allen Stämmen, Berufen, Schichten, aus fast allen politischen Lagern und Weltanschauungen. Die Breite dieser Traditionen entspricht dem Pluralismus, die gemeinsame Front gegen das Unfreiheitliche und die Entscheidung für das Menschliche den Aufgaben unserer Zeit. In ihrer Vielfalt des Herkommens, der Motive und des Verhaltens bieten sie jedem, der nicht totalitärem Denken verfallen ist, das ihm gemäße Vorbild.

Die Staatstreue der Soldaten

Der Gedanke allerdings, den Soldaten der Bundeswehr in innerer Beziehung zum Widerstand zu sehen, hat von Anfang an vielfältige Bedenken ausgelöst. Wie sollten Streitkräfte – so fragen viele –, in deren Ethos Staatstreue eine zentrale Bedeutung haben muss, gerade im Widerstand, das heißt im Kampf gegen die gesetzte Ordnung, geeignete Vorbilder finden? Dazu ist folgendes zu sagen: Wir haben uns im Laufe der letzten 150 Jahre daran gewöhnt, dem Soldaten lediglich konservative Überlieferungen zuzubilligen. Dadurch wurde es liberalen Kräften erschwert, in der Armee heimisch zu werden. Dies griff jedoch an die Wurzel ethisch verstandenen Soldatentums, als Hitler die Ordnung absolut setzte und damit – ganz unkonservativ – jeden sittlichen Maßstab leugnete. Diese Ordnung »der Normen auf Abruf«, wie sie neulich einmal genannt wurde, zersetzte allmählich alle menschlichen Beziehungen. Ihre letzte Konsequenz fand sie in der Buchhalterei der Konzentrationslager und der Kameraderie ihrer Bewacher.

Eine ähnlich geartete Gewaltherrschaft lastet nach wie vor auf den Deutschen und den anderen Völkern jenseits der Demarkationslinie. Auch wir sind dieser Drohung nicht ein für allemal enthoben. Um eine nochmalige »Machtergreifung« totalitärer Prägung zu verhindern, schloss sich die Bundesrepublik Deutschland der freien Welt an. Über den Wert ihrer Bundeswehr als Verteidiger des freien Teils eines geteilten Vaterlandes entscheidet der freiheitliche Geist ihrer Soldaten; nur er gewährleistet die Staatstreue, die heute trägt.

Andere Einwände kommen von Menschen, die den Soldaten noch immer im glanzvollen Gehege von ehedem sehen und ihn daher in einer rein militärischen Umwelt und Wertordnung halten möchten. Für sie gilt noch immer allein die Überlieferung der Kaserne, nur die Tradition des Schlachtfeldes, von dem fraglos leuchtende Vorbilder für Tapferkeit, Opfermut und entsagenden Gehorsam abzuleiten sind.

Aber genügen diese Vorbilder in einer Zeit, da die Entscheidung täglich auf anderen »Schlachtfeldern« als dem der militärischen Auseinandersetzung vorweggenommen wird; da in der Welt, aus der der Soldat kommt und die er verteidigt, die hergebrachten dynastischen Bindungen nicht mehr, die nationalen nur noch bedingt gelten; wo auch militärischer Krieg und soldatischer Kampf im Zeichen der Atomwaffen ganz anderen, zum Teil neuen Gesetzen unterliegen?

Und hier eine sehr direkte Frage: War es nicht gerade die Tragik des Soldaten im Dritten Reich, dass sich diese Tugenden so missbrauchen ließen zum Unheil der Wehrmacht, des Volkes und der Welt, und muss nicht auch der Soldat nach Bezugspunkten außerhalb seines beruflichen Verantwortungsbereiches suchen, um nie wieder in die ausweglose Lage zu geraten, wo Verantwortung Ungehorsam, wo Treue zum Volk Untreue gegenüber dem Staat und wo Gewissen Widerstand fordern?

Bedenken entspringen endlich der Vorstellung – ich bin versucht zu sagen dem Wunschdenken – als sei Überlieferung ein mechanischer Vorgang, der keinen Spielraum zur freien Entscheidung lasse; dass die Bundeswehr also ohne weiteres alle Wesenszüge der Wehrmacht als Tradition aufnehmen müsse.

Ein Blick in die Geschichte lehrt indessen, dass vitale, zukunftsbezogene Generationen ihre Vorbilder zumeist im Gegensatz zu ihren Vätern wählen. So ließen beispielsweise die preußischen Reformer vieles aus der Zeit Friedrichs des Großen fast unbeachtet, während die Generation um Roon geflissentlich des Königs liberale Haltung übersah. Die Entscheidung für diese oder jene Tradition hat – das ist meine tiefe Überzeugung – wenig mit Gesichtspunkten der Vergangenheit, dagegen viel mit unseren Vorstellungen von Gegenwart und Zukunft zu tun.

Traditionen sind nicht Selbstzweck noch Ornament; mit ihrem Angebot an beispielhaften Haltungen und Erfahrungen aus der Vergangenheit helfen sie Völkern, Gruppen, Berufen und einzelnen, die Aufgaben von heute im Blick auf morgen zu lösen.

Was geben die freiheitlichen Traditionen der Bundeswehr?
Nach Lage und Aufgabe braucht die Bundeswehr Traditionen, die sie in selbstverständliche Beziehung zu den vielfältigen Problemen hochtechnisierter Streitkräfte inmitten einer Industriegesellschaft setzen, sie als Teil der Exekutive in den freiheitlichen Rechtsstaat einfügen und den Zugang in die internationale Zusammenarbeit öffnen. Dass bei diesem komplizierten Integrationsprozess weder vortechnisch-patriarchalische, nationalistische, obrigkeitsstaatliche noch totalitäre oder wertfreie Überlieferungen stützen können, liegt auf der Hand. Erlauben Sie mir, noch etwas zu verdeutlichen, was ich mir von freiheitlichen Traditionen für die Soldaten von heute und morgen verspreche.

Soldaten fällt es infolge ihrer Berufsstruktur und Aufgabe schwer, den oft umständlichen und widersprüchlichen Prozess politischer Meinungsbildung und Entschlussfassung zu bejahen und die wachsame Kritik der Öffentlichkeit als notwendiges Korrektiv anzuerkennen. Im Blick auf die mögliche äußerste Gefahr sind wir geneigt, formale Ordnung und Einheitlichkeit als Werte an sich zu überschätzen. Hier sind die Erfahrungen des Widerstandes hilfreich, weil sie die Alternative zu unserer Grundordnung mit all ihren Konsequenzen für den Soldaten aufzeigen, aber auch veranschaulichen, welch beglückende Vielfalt die auf den ersten Blick so verwirrende Gesellschaft birgt.

Mit der Entscheidung für freiheitliche Traditionen schwindet das Unbehagen gegenüber dem bestürzenden Wandel unserer Zeit; der Weg zu positiven, vorwärtsgreifenden Lösungen öffnet sich. Damit wird auch jener eigentümliche Kulturpessimismus gegenstandslos, der die tiefe Wandlung der Lebensbedingungen und damit unseres Lebensgefühls so gern als Verfall deklariert und den Soldaten das verachten heißt, was gerade zu verteidigen ihm aufgetragen ist. Allein vom freiheitlichen Menschenbild her lässt sich die Diskussion über Erziehung und Ausbildung führen. Freiheitliche Erziehung reduziert nicht zum passiven Gehorsam, sondern entfaltet zur Mitverantwortung; sie macht nicht hörig, sondern mündig und entspricht damit den Anforderungen des aufgelockerten Gefechts technisierter Streitkräfte.

An der Grenze des Gehorsams

Im Verständnis rechtsstaatlicher Ethik stehen dem strengen Anspruch des Befehlenden auf unverzüglichen und gewissenhaften Gehorsam das Recht und die Pflicht zu Gehorsamsverweigerung gegenüber, wo Höheres auf dem Spiele steht. Dadurch wird soldatische Existenz für sittlich gegründete Menschen erst möglich. Sollte es sich erweisen, dass Sittlichkeit und Rechtsstaatlichkeit mit dem militärischen Sachzweck unvereinbar sind, dann stünden wir vor der erschreckenden Tatsache, dass der Soldat außerhalb der Ordnung steht. Zu dieser Frage gab Beck in seinem Aufruf an die militärische Führung folgende Antwort:

»Es stehen hier letzte Entscheidungen über den Bestand der Nation auf dem Spiel. Die Geschichte wird diese Führer mit einer Blutschuld belasten, wenn sie nicht nach ihrem staatspolitischen Wissen und Gewissen handeln. Ihr soldatischer Gehorsam hat dort eine Grenze, wo ihr Gewissen und ihre Verantwortung die Ausführung eines Befehls verbietet.«

Wir müssen noch ein anderes sehen. Die Furchtbarkeit moderner Waffen hat den Krieg aus dem Instrumentarium vernünftiger Politik gestrichen. Damit fällt dem Soldaten die Abschreckung zu. Von seiner Entschlossenheit, notfalls den Angreifer mit in die totale Katastrophe zu reißen, hängt gegenwärtig der militärische Friede in Europa und damit die Existenz unserer Welt ab. Noch wird es manchem nicht leicht, diese Wandlung zu bejahen; zu begreifen, dass dieser hohe Grad an Verteidigungsbereitschaft entwickelt werden muss – ohne die Erwartung, das Gelernte anzuwenden und darin den Höhepunkt der soldatischen Laufbahn zu sehen. Hier wird ein schlichteres, subtileres Dienen, ein Verzicht auf äußerliches Prestige gefordert, das sich nur aus einem neuen Verhältnis an Verantwortung, Recht und Frieden leisten lässt.

Um uns noch einmal die Aktualität dieser Tradition für unsere Einfügung in das internationale Bündnis vor Augen zu stellen, möchte ich Goerdeler anführen, der in seinem Friedensplan vom Herbst 1943 den Zusammenschluss der europäischen Völker zu einem Staatenbund mit europäischer Wehrmacht fordert:

»Jeder europäische Krieg ist glatter Selbstmord. Die Zeit ist reif, diesen idealen Gedanken in die Wirklichkeit zu übersetzen, weil mit ihm die realen Interessen übereinstimmen.«

Der 20. Juli – die deutsche Revolution
Der Widerstand legt manche vor-, das heißt übernationale Fundamente europäischen Völkerlebens wie Christentum, Humanismus, Naturrecht frei. Damit nahm er Traditionen auf, die einem zusammenwachsenden Europa angemessen sind. Dieser Aufstand, der im Grunde eine großartige, – ich möchte sagen: die – deutsche Revolution für die Wiederherstellung des abendländischen Menschenbildes im technischen Zeitalter war, hat den unauflöslichen Zusammenhang von Politik und Ethik wieder ins Bewusstsein gehoben. Dadurch konfrontiert der Widerstand uns mit der Grundfrage unserer Zeit, der alle Möglichkeiten – weltanschauliche und technische – zur

physischen und psychischen Vernichtung der Menschheit in die Hand gegeben sind.

Ich meine, wir Deutschen – Soldaten und Nichtsoldaten – haben allen Grund, stolz auf dieses Ereignis unserer Geschichte zu sein und mit Dankbarkeit auf diese Menschen zu blicken, die im tödlichen Gegensatz zu Zeitgeist und Umwelt ein Fanal für die Freiheit aufrichteten. Im Stolz auf diesen Aufstand der Gewissen gewinnen wir auch das rechte Verhältnis zur jüngsten Vergangenheit.

Selten in der Geschichte war es so schwer, sich über die bestimmenden Faktoren der Gegenwart klarzuwerden; aber es war wohl auch noch nie so gefährlich, einem falschen Bilde zu folgen. Erinnerungen und Traditionen sind gewiss kein Zaubermittel zur Bewältigung des Lebens – am allerwenigsten in unserer Zeit. Doch scheint es mir für die Bestimmung des eigenen Standortes und zum Aufspüren neuer Möglichkeiten wesentlich, dass wir uns auf breiter Front und unter den verschiedensten Vorzeichen unseren gemeinsamen Verantwortungen stellen.

»Einig sein und wieder aufbauen« schrieb Leuschner einen Tag vor seiner Hinrichtung. Und als er zum Galgen geführt wurde, sagte er seinen – unseren – Gefährten in Zeichensprache nur das eine Wort »Einigkeit«. Für den Bestand unserer pluralistischen Gesellschaft und unseres freiheitlichen Rechtsstaates ist es entscheidend, ob sich in allen Lebensbereichen und Institutionen Menschen finden, die klar erkennbaren Leitlinien folgen und sich beispielhaft mit bestimmten Verantwortungen identifizieren. Für solch ein Leben hält die Geschichte des Widerstandes leuchtende Vorbilder bereit.

67,6
Nationalbewußtsein in der Welt von heute.
Rede bei der Gedenkstunde am 20. Juli 1967 in München/Tutzing

1.   Die Diskussion

Wir hören und lesen in letzter Zeit immer häufiger die Frage nach der Bedeutung der Nation, des Volkes, des Vaterlandes. In der Tat, wie sollen, wie können wir Deutschen sie beantworten? Was bedeuten denn diese Begriffe tatsächlich für uns, die in der zweiten Hälfte des 20. Jahrhunderts in einem geteilten Deutschland als Mitglieder einer hochentwickelten Industriegesellschaft und als Staatsbürger eines freiheitlichen Rechtsstaates in enger Verklammerung mit der westlichen Welt leben?

Es lohnt sich, darüber nachzudenken, und mir scheint die Tatsache politisch durchaus bedeutsam, daß diese Frage wieder aktuell geworden ist und daß sie – ob nun positiv oder negativ – eine zunehmende Anzahl von Deutschen beschäftigt. Dialog und Diskussion, vor allem aber Engagement sind Voraussetzungen für eine funktionierende Demokratie, und so dürfte auch die Suche nach einem neuen Verhältnis zur Nation – wir wollen im Sinne des Themas bei diesem Arbeitsbegriff einmal bleiben – von Belang sein. Denn es geht dabei doch wohl um die Frage nach der Beziehung der einzelnen Menschen und Gruppen zueinander, zur Gesellschaft und zum Staat; um die staatliche und zwischenstaatliche Ordnung; um unsere Verantwortung gegenüber Ost und West; um die Verantwortung für die Deutschen, die außerhalb des Geltungsbereiches unseres Grundgesetzes leben, und schließlich um die Rolle, die wir Deutschen in der Welt spielen wollen oder sollen.

Allerdings sollten wir von dieser Diskussion keine schnellen Patentlösungen erwarten; geistige Gemeinsamkeiten wollen wachsen. Wie die Dinge – glücklicherweise – liegen, sind Beitrag und Bekenntnis das einzig Legitime. So werden Sie auch heute von mir bei allem Bemühen um Objektivität nur eine subjektive Antwort erhalten.

Ich begrüße es sehr, daß uns dieses Thema gerade heute, am 20. Juli, zusammenführt. Der Blick auf dieses Ereignis unserer nationalen Vergangenheit enthüllt uns durch die noch im Scheitern zukunftsträchtigen, in ihrer Ohnmacht mächtigen Vorbilder unsere eigene Bedrohtheit und Verpflichtung. Er zwingt uns zur Dankbarkeit dafür, daß wir trotz allem, was im deutschen Namen durch Deutsche in der Welt geschah, heute wieder unter menschenwürdigen Bedingungen leben können.

Den Angehörigen des Widerstandes war die freie, öffentliche Diskussion verwehrt, sie konnten nur im Untergrund und ungehört zusammenkommen. Unser Risiko ist demgegenüber unvergleichbar klein und geringfügig. Das verpflichtet zu gewissenhaftem Gebrauch der uns garantierten Rechte – wobei ich meine, „gewissenhaft" sollte nicht grundsätzlich Minimalgebrauch heißen!

2. *Das Nationalbewußtsein des Widerstandes*

Wenn ich mit Ihnen nun zunächst einen Blick auf das Verhältnis des deutschen Widerstandes zur Nation werfe, um dann einige persönliche Bemerkungen zum Nationalbewußtsein unserer Zeit anzufügen, so folge ich damit nicht bloß festrednerischem Brauchtum. Ich bin vielmehr der Ansicht, daß die Frage nach dem Nationalbewußtsein des Widerstandes uns zu einigen recht aufschlußreichen Erkenntnissen verhelfen kann. Wir werden dabei nämlich entdecken, daß manche Antwort auf Fragen unserer Zeit und Zukunft damals bereits vorweggegeben wurde.

Die Ablehnung von Ideologie und Wirklichkeit des Nationalsozialismus wurzelte – wir alle wissen es – in sehr verschiedenen Überzeugungen und Haltungen; sie konnte christlich, humanitärsittlich, rechtlich, national, innen- oder außenpolitisch, gesellschaftlich und fachlich motiviert sein. Auch, daß sich normale Zustände nur durch den Sturz des Systems wieder herstellen ließen, wurde den einzelnen bei sehr verschiedenen Anlässen klar. Der eine sah sich durch die Judenverfolgung oder die Unterdrückung seiner Kirche, der andere durch die Rechtspflege, die Konzentrationslager oder das "Euthanasie-Programm" herausgefordert und vor die Gewissensfrage gestellt, wieder andere durch die totalitäre Eidesformel, die offensichtliche Tendenz zum Kriege oder durch die Art der Kriegsführung.

So kam es, daß sich Menschen recht verschiedenartiger Färbung im Widerstand zusammenfanden, der, von uns aus gesehen, übrigens weit geschlossener erscheint, als er es tatsächlich war und sein konnte. Denn zu der gegebenen Vielfalt der pluralistischen Gesellschaft trat noch ein anderes Moment: die erdrückende Übermacht der Apparatur und die Haltung weiter Teile des deutschen Volkes ließen jeden Zusammenschluß, der über familiäre und berufliche Beziehungen hinausreichte, zum tödlichen Risiko werden. Der Verständigung waren daher enge Grenzen gesetzt. Übereinstimmung herrschte freilich in der Ablehnung des – wie es Graf Yorck vor dem Volksgerichtshof sagte – „Totalitätsanspruch(s) des Staates gegenüber dem Staatsbürger unter Ausschaltung seiner religiösen und sittlichen Verpflichtungen vor Gott." Indem die einzelnen sich zum Widerstand entschlossen, beugten sie sich, so formulierte es Bonhoeffer, der „Notwendigkeit der freien, verantwortlichen Tat auch gegen Beruf und Auftrag". „Die außerordentliche Notwendigkeit appelliert an die Freiheit der Verantwortlichen. Es gibt kein Gesetz, hinter dem der Verantwortliche hier Deckung suchen könnte ... Es gibt vielmehr angesichts dieser Situation nur den völligen Verzicht auf jedes Gesetz, verbunden mit dem Wissen darum, hier im freien Wagnis entscheiden zu müssen, verbunden auch mit dem offenen Eingeständnis, daß hier das Gesetz verletzt, durchbrochen wird, daß hier Not das Gesetz bricht ...".

Auch Moltke deutet auf das gleiche Motiv, wenn er in seinem Abschiedsbrief an die Söhne schreibt: „Ich habe mich ... dafür eingesetzt, daß dieser Geist" – im Vorsatz beschrieben als „Geist der Enge und der Gewalt, der Überheblichkeit, der Intoleranz und des Absoluten, erbarmungslos Konsequenten, der in den Deutschen steckt und der seinen Ausdruck in dem nationalsozialistischen Staat gefunden hat" – daß dieser Geist „mit seinen schlimmen Folgeerscheinungen, wie Nationalismus im Exzeß, Rassenverfolgung, Glaubenslosigkeit, Materialismus, überwunden werde."

Die Menschen, die damals Widerstand leisteten, hatten erkannt, daß Hitler bzw. der Nationalsozialismus keine zufällige, wenn freilich auch keine zwangsläufige Erscheinung der deutschen Entwicklung war, sondern nur die – allerdings extreme – Konsequenz eines radikalen Nationalismus und ebenso radikaler Ordnungsvorstellungen von Staat und Gesellschaft – zugespitzt noch durch einen nihilistischen Biologismus und Geschichtsdeterminismus. So wollte auch niemand die Zustände von 1932 restaurieren; vielmehr bemühte man sich in den verschiedenen Widerstandsgruppen um neue Ordnungsvorstellungen, die der Zeit gemäßer wären und einer Wiederholung des Nationalsozialismus entgegenständen. Weite Kreise des Widerstandes fühlten sich geradezu als „europäischer Vortrupp" und waren auf der Suche nach einer neuen „Nation" mit einer neuen Gesellschaftsordnung, die freilich für viele nicht dem Weimarer Modell entsprechen durfte: dazu hatte die erste Begegnung mit der modernen Demokratie in Deutschland unter einem zu ungünstigen Stern gestanden.

Rückblickend kann man feststellen, daß volle Einmütigkeit in der Ablehnung des herrschenden Systems bestand; Einmütigkeit auch in der Erkenntnis, daß es eines neuen Ansatzes bedürfe. Darüber hinaus jedoch gab es voneinander abweichende, sich übrigens auch im einzelnen ständig weiterentwickelnde Vorstellungen über den Weg in eine bessere Zukunft. Die Aussagen aus dem Widerstandskreis zu unserem Thema lauten deshalb recht verschieden je nach dem politischen Standort des Betreffenden oder seiner Gruppe, bzw. dem Zeitpunkt, zu dem sie gemacht wurden.

2.1. Der *konservative Flügel* empfand den Krieg in Europa zunächst als unerträglichen Anachronismus, lebte aber, jedenfalls in seiner Frühzeit, noch ganz in den Vorstellungen eines Bismarck-Reiches von Weltgeltung. Erst als die Verbrechen des Regimes dem deutschen Anspruch, der bestimmende Ordnungsfaktor in Europa zu werden, jeden moralischen Boden entziehen, nimmt man Abschied von einem Europagedanken hegemonialer Art, in dem die mittelalterliche Reichsidee noch deutlich anklang, d. h. in dem es weniger um Macht und Gewalt, als um Frieden und Recht ging. Die innere Ordnung wird erklärlicherweise noch patriarchalisch gesehen, der Gedanke des starken Staates erst allmählich korrigiert. Hier war die Diskussion mit dem Kreisauer Kreis und anderen Widerstandsgruppen hilfreich. Graf Moltke z. B. gehört zu denen, die sich gegen die konservative Tradition wandten, den Staat als eine moralische Instanz mit religiöser Rechtfertigung zu begreifen. Er sah gerade in dieser Staatsauffassung eine wesentliche Ursache für die Wehrlosigkeit des deutschen Volkes gegenüber den Versuchungen und Ansinnen des totalitären Systems.

2.2. Überhaupt stand der christlich-sozial bestimmte *Kreisauer Kreis* – so benannt nach dem Gut des Grafen Moltke – Nationalismus und obrigkeitsstaatlichen Vorstellungen insgesamt ferner. Er wollte außenpolitisch Versailles – den von den meisten Deutschen als ungerecht empfundenen Friedensvertrag des 1. Weltkrieges – nicht rückgängig machen, sondern nach vorwärts überwinden. Man erkannte die historischen Leistungen des Nationalstaates zwar an, hielt ihn aber nicht mehr für die geeignete Ordnungsform der Zukunft. An seine Stelle soll eine „Genossenschaft der freien Völker" treten, ein durch eine Wirtschaftsunion eingeleiteter Staatenbund mit europäischem Staatsbürgerstatus, europäischen Streitkräften und höchstem Gericht. In der Denkschrift vom November 1943 heißt es: „Die Entwicklung, insbesondere in Europa, erweist die Unzulänglichkeit des souveränen Nationalstaates als letzter internationaler Instanz und drängt auf größere Zusammenfassung der einzelnen Völker hin." Man sieht: hier wird nicht resignierend der zum Selbstzweck überhöhte Nationalismus preisgegeben, sondern ganz rational angesichts der Bedingungen unseres Zeitalters im wohlverstandenen Interesse der Nation auf Souveränität verzichtet.

Die Vorstellungen über eine künftige Struktur Europas nehmen die Gedanken der Steinschen Reform wieder auf; sie propagieren die Selbstverwaltung, um die Mitverantwortung der Staatsbürger im überschaubaren Bereich herauszufordern und so das obrigkeitsstaatliche Erbe zu überwinden. Die Aufteilung Europas in eine größere Zahl von Verwaltungsbezirken soll einer deutsch-französischen Hegemonie vorbeugen. 1942 führt Moltke aus: „Für uns ist Europa nach dem Kriege weniger eine Frage von Grenzen und Soldaten, von komplizierten Organisationen oder großen Plänen. Europa nach dem Kriege ist die Frage: wie kann das Bild des Menschen in den Herzen unserer Mitbürger aufgerichtet werden? Das ist eine Frage der Religion, der Erziehung, der Bindungen an Arbeit und Familie, des richtigen Verhältnisses zwischen Verantwortung und Rechten."

Der Wiederaufbau eines durch Nationalismus und Rassenwahn zerstörten Europas soll im Zeichen der Wiederherstellung von Menschenwürde und Recht unter der Forderung einer verantwortlichen Freiheit für den einzelnen stehen. Ganz modern mutet es an, wenn Moltke in einer Denkschrift des Jahres 1941 bereits von europäischer Innenpolitik spricht. Er hält es für „die geschichtliche Aufgabe dieses Krieges, diese (nationalistischen) Gegensätze zu überwinden und mindestens für Europa eine einheitliche Grundauffassung wieder herzustellen; die notwendige Folge dieser Hoffnung ist die einheitliche Souveränität über Europa unter Überwindung aller einzelnen Souveränitätsansprüche."

Im Kreisauer Kreis hat – soweit ich es übersehe – der Kulturpessimismus, der viele Menschen in die Arme des Dritten Reiches trieb, keine Rolle gespielt; die pluralistische Gesellschaft und damit die freie Entfaltung der Gruppen wurde bejaht. Ob allerdings der Staat für den einzelnen oder der einzelne für das Volk da sei, diese Frage wurde heftig diskutiert; die liberale Staatsauffassung stand auch hier einer konservativ-romantischen gegenüber. Da jedoch beide Richtungen von der zentralen Stellung des Menschen ausgingen, war die Einigung über die konkrete Planung nicht schwer. Pater Delp hat den Kompromiß wie folgt definiert: „Es ist auf eine Ordnung äußeren, sozialen, wirtschaftlichen, technischen usw. Lebens hinzuarbeiten, die dem Menschen ein relativ gesichertes Existenzminimum jeglicher Art (auch geistig, zeitlich, räumlich usw.) verbürgt. Das Maß des Zielbildes ist vom Menschen zu nehmen, das Ausmaß der jeweiligen Verwirklichung nach den sachlichen Möglichkeiten zu bemessen. Ob das nun eine Erziehung zu Gott ist? Erst die unterste Voraussetzung. Erst die Bemühung um eine Ordnung und Verfassung des Lebens, in der ein Blick auf Gott für den Menschen nicht mehr eine übermenschliche Anstrengung bedeutet. Dieses scheint mir übrigens eine sehr glückliche Formulierung zu sein; sie scheidet deutlich letzte von vorletzten Werten, staatlich-gesellschaftliche Aufgaben von personaler Verantwortlichkeit und stellt darüber hinaus manche Klage über den Materialismus als Zug unserer Zeit in Frage.

2.3. Die *linken Gruppen des Widerstandes* folgten einer Tradition internationaler Solidarität und des Denkens in gesellschaftlichen

Kategorien; ihre Beziehung zu Fragen unseres Themas war daher nach Inhalt und Terminologie recht anders geartet als die der Rechten und der Mitte. Sie standen dem System von Anbeginn in kompromißloser Ablehnung gegenüber, zumal dessen Terror ihnen nur illegale Tätigkeit erlaubte. Ab Mitte der 30er Jahre suchten sie Anschluß an die Offiziere im Widerstand, da ein Umsturz jetzt nur noch mit Hilfe der Wehrmacht möglich ist. Reichsbanner und Gewerkschaften waren sofort nach der Machtübernahme zerschlagen worden; in Verkennung des Nationalsozialismus hatte ihre Führung sie nicht mehr rechtzeitig eingesetzt. Eindeutige Stellungnahmen zu unserem Thema aus dem Untergrund fehlen erklärlicherweise; doch steht fest, daß Männer wie Leber, Leuschner und Dahrendorff, je mehr die Zeit fortschritt, das Denken der anderen Widerstandsgruppen in zunehmendem Maße beeinflußt haben. Bereits 1929 hatte Leber festgestellt: „Europa ... krankt an einem Zustand, der nicht mehr in die Welt paßt: am Nationalismus".

2.4. Noch ein anderer, in seiner *sittlichen Radikalität* für uns bedeutsamer Beitrag zum Thema Nation darf nicht unerwähnt bleiben; er kommt aus dem Kreis um Bonhoeffer. Hier hatte man sich zu der bitteren Erkenntnis durchgerungen, daß die totale Niederlage und Besetzung Deutschlands nicht nur unumgänglich, sondern aus moralischen und politischen Gründen notwendig sei. Man hatte begriffen, daß ein deutscher Sieg das Ende Europas im Sinne aller freiheitlichen Traditionen besiegeln würde, und war bereit, angesichts des Charakters und der Verbrechen des Regimes mit der totalen Niederlage auch das Ende des deutschen Nationalstaates in Kauf zu nehmen. Aus dieser Sicht begreift Bonhoeffer den Widerstand als „Akt der Buße", der „keine außenpolitischen Auswege" mehr gestatte.

Auch dem „Kreisauer Kreis" erschien die spätere Kooperation mit den Siegern notwendig und selbstverständlich. Mitglieder des Kreises nahmen daher Verbindung mit verschiedenen Alliierten und den Widerstandsbewegungen der besetzten Gebiete auf. Sie taten dies unter dem Zwang der Erkenntnis, daß ein weltweiter Kampf um menschenwürdige Existenzbedingungen heraufgebrochen war und daß die alten nationalstaatlichen Fronten demgegenüber zu sekundärer Bedeutung herabgesunken waren. Vordergründig-positivistisch gesehen, war der Vorwurf des Landesverrates berechtigt. Doch gab es für Menschen, die zu Ende dachten und sich ihrer sittlichen Verantwortung für ihre Mitmenschen und deren Zukunft nicht entzogen, kaum eine andere Wahl. Im Konflikt zwischen Eid und Loyalitätspflicht folgten sie ihrem Gewissen – wohl wissend, was sie taten und wessen sie sich zu gewärtigen hatten. „Es ist Zeit", sagte Henning von Tresckow kurz vor dem 20. Juli, „daß jetzt etwas getan wird. Derjenige allerdings, der etwas zu tun wagt, muß sich bewußt sein, daß er wohl als Verräter in die deutsche Geschichte eingehen wird. Unterläßt er jedoch die Tat, dann wäre er ein Verräter vor seinem eigenen Gewissen."

Bereits dieser kurze Exkurs scheint mir folgende *Feststellungen* zu rechtfertigen:

a) In einer freien, pluralistischen Gesellschaft gibt es sehr unterschiedliche Haltungen – auch zur Nation. Einig sind sich die Träger freiheitlicher Weltanschauungen aber in der Ablehnung der Unfreiheit, des Unrechts und der Vergewaltigung des Menschen. Diese Übereinstimmung tritt allerdings erst im Augenblick der Gefahr zutage. Der Glaube an eine mögliche Einheitlichkeit des Verhältnisses zur Nation ist eine totalitäre Illusion; selbst brutalster Gewissenszwang und Konzentrationslager vermögen nur eine Schein-Einheit herzustellen.

b) In einer sich stetig wandelnden Welt ist die ständige, kritische Überprüfung der überkommenen Begriffe notwendig geworden. Eine wirklichkeitsferne Schau der Nation ist gefährlich.

c) Ein vages Nationalgefühl ist nicht mehr tragfähig in einer immer komplizierter werdenden Welt; ihm mangeln verläßliche und verbindliche Maßstäbe für verantwortliches Tun und Lassen.

d) Mit der Überhöhung der Nation zur absoluten Größe beginnt die sittliche Korrumpierung ihrer Bürger; die Nation wird zur permanenten Gefahr für ihre Nachbarn. Bürger, deren Nationalbewußtsein durch religiöse und ethische Maßstäbe bestimmt bleibt, geraten früher oder später in einen ausweglosen Gewissenskonflikt; sie können ihrer Nation nur noch im Widerstand dienen.

e) Der Widersand hat mit seinen Traditionen und Gedanken ein Rüstzeug hinterlassen, das wie kaum ein anderes bei der Bewältigung von Vergangenheit, Gegenwart und Zukunft dienlich sein kann. Die Mannigfaltigkeit der hier geschaffenen Traditionen bietet jedem – sofern er nur freiheitlich gesinnt ist – den ihm gemäßen Anknüpfungspunkt an ein menschliches Vorbild, dem er ohne Selbstaufgabe folgen kann.

f) Die politischen Programme des Widerstandes entstanden in der Isolierung und sind in manchen Einzelheiten zeitgebunden. Doch erkannten die Männer und Frauen deutlich, daß bestimmte Ideologien und Haltungen in die Katastrophe führen. Ihr Verantwortungsbewußtsein zwang sie zur Revision überholter Vorstellungen und zum Kompromiß mit Gleichgesinnten; es trieb sie zur äußersten Konsequenz, die Henning von Tresckow einen Tag vor seinem Tode folgendermaßen kennzeichnet: „der sittliche Wert eines Menschen beginnt erst dort, wo er bereit ist, für seine Überzeugung das Leben hinzugeben".

3. *Nationalbewußtsein in der Welt von heute*

3.1. Versuchen wir nun für uns heute und hier die Frage nach der Bedeutung der Nation zu beantworten, so dürfen wir nicht übersehen, daß die Welt in einer *Renaissance des Nationalbewußtseins* befangen ist. Dabei waren vor nur zwei Jahrzehnten die meisten von uns der Ansicht, daß die nationalstaatliche Epoche mit ihrer Übersteigerung zwischen 1930 und 1945 zu Ende gegangen sei; ja, daß gerade die Übertreibung des nationalen Prinzips Folge und Zeichen seines Versagens gegenüber den Problemen unserer Zeit bedeute. Auch im übrigen Europa wurde ein anachronistisch gewordener Nationalismus als Ursache für beide Weltkriege erkannt; man begriff überall, daß ein Wiederaufbau dieses Ausmaßes nur im übernationalen Rahmen stattfinden könne, und strebte daher nach inter-, noch besser: supranationalen Zusammenschlüssen. In Deutschland unterstützte noch die Scham über das im Namen der Nation Geschehene, aber auch die Scheu vor allen klingenden, abgenutzten Worten diese Entwicklung und förderte die Hinwendung zu Verantwortungsbereichen unter- oder oberhalb der Nation.

Die Renaissance des Nationalen beginnt mit der Auflockerung der beiden politischen Blöcke, die sich nach Kriegsende formiert hatten. Zunächst mildert die Entstalinisierung den Druck der Moskauer Zentrale; es öffnet sich ein Raum, in dem die bisherigen Satelliten Bewegungsfreiheit und Selbstbewußtsein finden. Die kommunistischen Regierungen schüren das wieder zum Leben erwachende Nationalgefühl, schließt es doch die Völker zusammen und animiert auch die nicht-kommunistischen Teile der Bevölkerung zur Unterstützung der herrschenden Regime.

Das westliche Verteidigungsbündnis wiederum verliert an Dringlichkeit und Intensität, sobald das Gefühl der akuten Bedrohtheit als Allianzmotiv nachzulassen beginnt. Die Bereitschaft, dem Bündnis, besser: dem eigenen Schutzbedürfnis, Teile der Souveränität zu opfern, wird geringer. Die natürliche Andersartigkeit und Gegensätzlichkeit der Interessen in einem Bündnis zwischen 15 so verschieden gearteten Staaten aus drei Erdteilen gewinnt an Bedeutung. Hinzu kommt die Sorge, daß bestimmte technologische Entwicklungen den Sicherheitswert des Bündnisses mindern könnten.

In der „Dritten Welt" finden wir den sprühenden Nationalismus der jungen Völker. Hier ist er ein schwer ersetzbares Mittel, die Bevölkerung der meist künstlichen Staatsgebilde zu integrieren, von ihren Nachbarn zu sondern und über die wirtschaftlich-gesellschaftliche Misere hinwegzuführen. Allerdings verzögert dieser Nationalismus den Anschluß an die industrielle Zivilisation, der ohne auswärtige Hilfe nicht erreicht werden kann, und entfacht regionale Konflikte, die die ganze Welt in Flammen setzen können.

Vor diesem Hintergrund vollzieht sich die innerdeutsche, jedenfalls die westdeutsche Diskussion. Sie wird genährt und herausgefordert nicht zuletzt durch die Enttäuschung über eine so unerwartete, weltweite Wiederbelebung des Nationalismus, insbesondere über die Disintegrationserscheinungen des Bündnisses und über das Steckenbleiben der europäischen Einigung. Die Reaktion ist verständlich. Nur dürfen wir nicht übersehen, daß weltgeschichtliche Epochen – selbst wenn sie, wie die nationalstaatliche, nur 1 1/2 Jahrhunderte währen – nicht von heute auf morgen enden. Dazu ist der menschliche Beharrungswille zu stark. Erst im geschichtlichen Rückblick lassen sich die Wendemarken auf bestimmte Daten fixieren; für die Zeitgenossen sind es qualvolle, widersprüchliche, nicht absehbare Prozesse.

Noch etwas anderes muß hier angeführt werden: wir Deutschen hatten es leichter, den Schritt nach vorne zu tun; das Vergangene lag in Trümmern und war nur belastend. Die Sieger zahlten mit Einschränkung ihrer politischen Bewegungsfreiheit für ein Bündnis, das uns Besiegten eine gewisse Souveränität überhaupt erst gewährte. So waren wir Deutsche geneigt, gedrängt noch durch unsere Grenzlage, die NATO als supranationale Institution zu interpretieren, während sie niemals etwas anderes als ein Bündnis souveräner Staaten war. Nicht minder unrealistisch wäre es jedoch, die großen Fortschritte in Richtung auf internationalen Zusammenschluß und übernationale Zusammenarbeit gering zu achten, die dieses in Umfang, Intensität und Dauer einzigartige Bündnis erzielte. Man denke nur daran, daß die Existenz der NATO einen Krieg innerhalb der westlichen Welt einfach ausschließt und daß sie eine militärische Auseinandersetzung Ost/West bis heute verhindert hat.

Für uns Deutsche jedenfalls wäre es wenig angebracht, ob nun resignierend oder erleichtert, trutzig oder verzweifelt – gegen alle Vernunft und Gesetzlichkeit des 20. Jahrhunderts – zu einem überholten, wirklichkeitsfernen Nationalismus des 19. Jahrhunderts zurückzukehren. Wir haben schon einmal auf den Nationalismus von Versailles mit katastrophalen Folgen nationalistisch reagiert. Heute wären die Folgen noch einschneidender: der Mechanismus des technologischen Zeitalters verträgt weder Sektierertum noch Abkapselung. Das Vertrauen zu unserer Einordnungsbereitschaft in die heutige Welt ist leicht zu erschüttern; für unsere Nachbarn bleiben die Erfahrungen mit dem Dritten Reich und unser Geteiltsein politische Fakten. Bestimmte Ideologien, Vokabeln und Töne können wir uns nicht leisten; sie würden Deutschland in Kürze isolieren.

3.2. Auf die Frage, wie denn nun das Nationalbewußtsein beschaffen sein solle, um in der Welt von heute zu bestehen oder besser: uns in dieser Welt bestehen zu lassen, kann ich nur recht persönlich antworten – wenn sie wollen: bekennen.

Zunächst einmal plädiere ich für das *Nationalbewußtsein* und gegen das *Nationalgefühl*. Unnötig zu erwähnen, daß wohl kein Verständiger in diesem seit der Romantik währenden Streit an das Entweder-Oder eines rein-rationalen oder rein-emotionalen Verhältnisses zur Nation denkt. Wir wissen heute alle, daß eine derartige Spaltung der menschlichen Natur widerspricht. Aber unterstellen wir einmal einen Augenblick, es gäbe nur diese Alternative. Es stünden uns dann zwei Modelle zur Wahl: hier der Bürger, der die Existenz der Nation intellektuell erkennt, ihre Wirkung und Bezogenheit nach außen und innen ebenso sieht wie seine eigene Abhängigkeit von Geschichte und Politik dieser Nation; dort der andere, der eine schicksalhafte Verstricktheit mit der Nation spürt und durchdrungen ist von seiner Verpflichtung zu unbedingter Loyalität und uneingeschränktem Gehorsam gegenüber dieser unantastbaren Autorität. Dem einen fehlte offensichtlich der Wille, persönliche Konsequenzen aus seiner Erkenntnis zu ziehen; dem anderen die rationale Erkenntnismöglichkeit, wofür und durch wen er eigentlich in Pflicht genommen werden kann.

Wir leben in einer Welt, die man zu Recht one world nennt; also in einer Welt, in der in Berlin über das Schicksal von Kirkenes und Erzerum, in Israel auch über das von Vietnam mitentschieden wird. Der schnelle Wandel der technologischen, politischen und militärischen Situation an bestimmten Orten der Erde schafft neue, überraschende Konstellationen mit weltweiter Wirkung. Nachdem wir gerade zur Kenntnis genommen hatten, daß der Osten ein zentralistischer, monolithischer Block sei, zeigen sich die Spannungen eines polyzentrischen Lagers, und wir wissen noch nicht, ob und wann der Ost-West-Gegensatz durch einen globalen Süd-Nord-Klassenkampf der armen, primitiven gegen die reichen, hochentwickelten Staaten überdeckt und abgelöst wird. Im Inneren unseres Staates geht den politischen Entscheidungen ein kontroverser Prozeß der Meinungsbildung voraus; der Ausgleich der verschiedenen Gruppeninteressen wird bei wachsender Interdependenz aller Lebensbereiche komplizierter. Die Berufe verwissenschaftlichen, die Arbeitswelt beansprucht in steigendem Maße die Verstandeskräfte – kurz, das Leben in der modernen Industriegesellschaft wird zunehmend rationaler. Das Proletariat der modernen Gesellschaft rekrutiert sich daher aus den nicht mehr Bildungsfähigen, das heißt denjenigen, die den rationalen Anforderungen nicht gewachsen sind. In einer solchen Welt ein irrationales, emotionales Verhältnis zu Nation, Volk, Vaterland, oder wie wir diese politische Kategorie nennen wollen, zu statuieren, wäre ein anachronistisches Unterfangen. Die Absicht, über das Emotionale metaphysische Bezüge in den Dienst der Nation zu stellen, erscheint in mehrfacher Hinsicht als fragwürdige Theologie.

Kehren wir aber zu den Modellen zurück. Ich zöge – vor die Alternative gestellt – unseren „Intellektuellen" vor. Wenn er ein einigermaßen normaler Mitmensch ist – und ein solcher interessiert hier nur –, so kann es nicht unüberwindliche Schwierigkeiten bereiten, ihn davon zu überzeugen, daß er schon im eigenen Interesse seine Nation nicht anderen überlassen kann, daß er sich jedenfalls in Augenblicken der Gefahr und der Entscheidung für sie engagieren muß. Und damit sind wir bei dem eigentlichen Streitobjekt, den Zielen und Methoden staatsbürgerlicher Bildung.

Ich bin der Überzeugung, daß die freiheitliche Demokratie auf mündige Staatsbürger angewiesen ist, die den Wert freiheitlicher Existenz, d. h. die Bedeutung der staatsbürgerlichen Rechte zu schätzen wissen; die aber auch erkannt haben, daß ihr persönliches staatsbürgerliches Verhalten und damit die Übernahme staatsbürgerlicher Pflichten über die Gestaltung dieser Rechte mit entscheiden. Haben wir uns auf dieses Ziel geeinigt, gibt es auch über den Weg in diese Verantwortung keinen Zweifel mehr: die Erkenntnis von der existentiellen Bedeutung der Nation für das eigene Schicksal zwingt den einzelnen zum Engagement, zu seiner Identifizierung als Mensch mit dieser Nation, sobald und soweit dieses notwendig wird. Wird der Staatsbürger als Mündiger angesprochen, erhalten Verstand und Gefühl ganz von selber den ihnen gebührenden Platz, jedenfalls kann der Verstand nicht zur Rechtfertigung der Emotionen mißbraucht werden. Ein gefühlsbetontes Verhältnis zur Nation hingegen treibt zu ihrer Mystifizierung und verführt dazu, in Bezirken, die nicht kühl und kritisch genug betrachtet werden können, zu glauben bzw. an den Glauben anderer zu appellieren; es beschwört und verteufelt, wo freie Diskussion im Interesse aller vonnöten ist; es ist überdies häufig von Erlebnissen der Vergangenheit geprägt und verhindert daher ein rechtes Verhältnis zur Wirklichkeit von heute. Es führt schließlich zu dem von G. Benn trefflich umschriebenen Schmollwinkel: „Wo gedacht wird, fühlt sich das Deutschtum bereits verraten."

Doch hat mein Plädoyer für das Nationalbewußtsein und die rationale Betrachtung unseres Problems noch einen weiteren Grund. „Nation", „Vaterland" und „Volk" sind unscharfe und damit der Diskussion entzogene – wenn Sie so wollen – „undemokratische" Begriffe; ihre Bedeutung ist ambivalent; jedenfalls erwecken sie je nach Generation, Erfahrung und Standpunkt unterschiedliche, oft kontroverse Vorstellungen; sie trennen damit, statt zu verbinden. Jeder von uns erinnert sich wohl an fruchtlose Gespräche zwischen Menschen, die sich zwar in der Sache gar nicht so uneinig, aber durch Vokabeln getrennt waren. Das ist nicht verwunderlich, weil jeder dieser Begriffe eine Vielzahl von Definitionen erlaubt. Selbst ein politisch ganz unbelastetes Wort wie „Heimat" entzieht sich in einer mobilen Gesellschaft allgemeingültiger Bestimmung. Jedenfalls wird ein Bauer auf dem Hof seiner Väter darunter etwas anderes verstehen als ein Industriearbeiter oder z. B. ich, der ich meine Geburtsstadt Trier bereits im Steckkissen verließ und seither – die Kriegsjahre nicht mitgerechnet – mehr als 20 Wohnungswechsel über verschiedene Grenzen hinweg vornehmen mußte.

Aber die Begriffe sind nicht erst durch Mißbrauch im Dritten Reich oder unter den Bedingungen der Industriegesellschaft fragwürdig geworden; die Gründe für ihre Unzulänglichkeit liegen in der deutschen Geschichte selbst. Zur Zeit, da sich in Europa die modernen Staaten formierten, fehlte in Deutschland die zentrale Gewalt; es bildeten sich daher nur Kleinstaaten dynastischer Prägung ohne oder gegen das ohnmächtig gewordene Reich. Je stärker die fremden Nachbarn würden und je mehr sie in innerdeutsche Fragen eingriffen, desto größer würde die Sehnsucht nach Behauptung und Geltung, das heißt nach etwas, das die innere Zerrissenheit, den Partikularismus und den Konfessionalismus überwinden könne. Diese Sehnsucht, oder, man kann auch sagen: diese Diskrepanz zwischen idealistischen Zielen und konkreten Machtmitteln hat die deutsche Geschichte seit den Staufern begleitet; sie fand ihren Ausdruck in der ersten Strophe des Deutschlandliedes, in der ein Vaterland mit utopischen Grenzen besungen wird.

Symbol dieser Sehnsucht wurde früh „das Volk", dessen geographische Grenzen jeder Interpretation offen standen. Im Laufe der Geschichte erhält dieser Begriff eine zunehmend negative, ja aggressive Bedeutung. „Das Volk" wird Gegenbild zu Aufklärung, rationaler Staatsauffassung, parlamentarischer Demokratie – ja, schließlich moderner Welt überhaupt. Die Erfahrungen der napoleonischen Kriege haben diese Entwicklung in hohem Maße unterstützt. Die Forderung nach dem starken Volk und dem starken Staat beginnt sich durchzusetzen. Bald hält man es für ganz normal, die innere Freiheit der äußeren zu opfern; bezeichnend hierfür ist die spätere Umbenennung der Freiheitskriege, als was die liberalen Zeitgenossen sie noch empfanden, in „Befreiungskriege". Im Interesse der Schlagkraft nach außen wird Einheitlichkeit der Meinungen gefordert. Das Gefühl, als Volk zu spät und in seinen Lebensrechten zu kurz gekommen zu sein, erzeugt ein Klima, in dem der Ernstfall zum Regelfall wird und den Alltag bestimmt. Der Staat erhält sittlichen Charakter; eine pseudochristliche Opferideologie idealisiert und verniedlicht damit den Krieg; der Verzicht auf unveräußerliche Rechte gilt als besonders patriotisch; Ordnung wird zum Selbstzweck; die Überbetonung der Pflichten reduziert allmählich das Verantwortungsbewußtsein und führt zu fraglosem, sittlich neutralem Gehorsam. Es ist nur folgerichtig, wenn sich in diesem Klima der Obrigkeitsstaat und – ihm entsprechend – die politische Abstinenz der Bürger verfestigen. Parlamentarische Demokratie und Opposition, öffentliche Kritik und Diskussion widersprechen einer solchen Volks- und Staatsideologie; sie gelten als Importe der westlichen Welt. Demgegenüber wird die Vergangenheit gegen alle historische Wahrheit vergoldet; die Folge ist ein gebrochenes Verhältnis zu Gesellschaft und zeitgenössischer Kultur, ein Unbehagen gegenüber der Zukunft, die unheimlich und drohend erscheint.

Dieser ganze Komplex mit seinem Chor der Gegenstimmen wird mit den alten Vokabeln wieder heraufbeschworen, ob wir es wollen oder nicht. Das sollte jeder bedenken, der sie weiter benutzt.

3.3. Bei der Suche nach Definition habe ich nur eine gefunden, die mir für uns hilfreich erscheint; es ist die *„Staatsnation"*. Sie stammt von Friedrich Meinecke, der darunter die Bevölkerung eines Gebietes versteht, die ihren politischen Willensausdruck in einem bestimmten Staat findet. Es ist eine Nation, die ihre Existenz, um das bekannte Wort Renans zu gebrauchen, einem täglichen Plebiszit ihrer Staatsbürger verdankt, also einem stillschweigenden Consensus für eine bestimmte, in der Verfassung niedergelegte Wertordnung und einem Machtapparat, der dieser Verfassung dient, sie verwirklicht und schützt.

In der pluralistischen Gesellschaft gibt es kein Diktat für den rechten Gebrauch der Begriffe; wir müssen mit der Vielfalt der Vorstellungen und Vokabeln leben. Wir sollten daher die Relativität und Fragwürdigkeit unserer eigenen Begriffswelt sowie die Legitimität der anderen anerkennen. Ich persönlich z. B. ziehe den unbelasteten Begriff der „staatsbürgerlichen Verantwortung" oder des „staatsbürgerlichen Bewußtseins" – wenn Sie wollen: „staatsbürgerliches Engagement" vor und meine, daß es im Prinzip einfacher ist, sich auf etwas Neues zu einigen, als einen der früher gebräuchlichen Kampfbegriffe allgemein verständlich und verbindlich zu machen.

Ich plädiere also für das *„staatsbürgerliche Bewußtsein"*. Es zeigt eindeutig die Rolle und auch die Weise, in der wir angesprochen werden; es zeigt die Grenzen, innerhalb derer wir ansprechbar sind, aber auch den Bereich – nämlich die Staatsnation –, für den wir primär und unmittelbar Verantwortung tragen; es zeigt ferner, mit wem, aber auch gegen wen wir aufgerufen sind, und erlaubt eine sachliche Diskussion über Rechte und Pflichten im akuten Fall.

3.4. Ich plädiere für ein staatsbürgerliches Bewußtsein, das die *Zusammenarbeit über die Landesgrenzen* hinaus erleichtert und fördert. Staaten europäischer Größenordnung sind nicht mehr in der Lage, die entscheidenden politischen, technologischen und gesellschaftlichen Probleme aus eigener Kraft zu meistern. Der Krieg hat sich spätestens 1918 als ungeeignetes Mittel zur Lösung politischer Fragen erwiesen; in Europa würde er sich, einmal ausgebrochen, aller Voraussicht nach bis zur physischen Vernichtung der Völker steigern. Wir sind also unausweichlich auf Miteinander und friedlichen Ausgleich angewiesen und sollten auch in den Nationen jenseits des Eisernen Vorhanges nicht nur potentielle Gegner, sondern vor allem auch die potentiellen Bundesgenossen sehen, ohne deren Zustimmung und Mitwirkung weder das deutsche, noch andere europäische Probleme gelöst werden können.

Auch der Soldat dient unter den gegebenen Bedingungen der Erhaltung des Friedens. Das ist kein Wortspiel, sondern die entscheidende Frage an sein Selbstverständnis. Die Art, wie der Soldat Dienst und Aufgabe sieht, entscheidet über seine Eingliederung in Gesellschaft und Bündnis.

Der Gedanke der bloßen Kriegsverhinderung führt zwar in die rechte Richtung, bleibt aber auf halbem Wege stehen: er fixiert eine Freund/Feindhaltung und verleitet zu falschen Maßnahmen. Die Vorstellung, wiederum, lediglich für Kampf und Sieg da zu sein, gibt ein gespaltenes Verhältnis zu Frieden und Freiheit. Frieden ist dann nicht mehr das Normale; Freiheit und Recht bedeuten nicht mehr Aufgabe und Inhalt, sondern Belastung und Gefahr. Nation und Demokratie sind wieder unvereinbare Gegensätze geworden.

3.5. Ich plädiere für ein nüchternes *Verhältnis zur Geschichte*, das nichts verschönt und nichts verdüstert. Wir gewinnen nichts, wenn wir uns nur an den Glanzzeiten sonnen und die dunklen Epochen unter Hinweis auf die Sünden anderer aufzuhellen suchen. Wir können nicht umhin, das unseren Vorfahren Geschehene als Teil unserer eigenen Wirklichkeit zu akzeptieren.

Die vielbeschworene , „Bewältigung" der jüngsten Vergangenheit bereitet keine Schwierigkeiten, sobald wir uns mit Stolz zum Widerstand, seinen Trägern und zu den hier gelebten, freiheitlichen Traditionen bekennen. Hier stellten Menschen in einem Augenblick höchster nationalistischer Hysterie und schwerster Bedrohung des Staates – nicht einmal für sich selbst, denn viele sahen das Scheitern des Aufstandes voraus, sondern für ihr Volk und Europa – die innere Freiheit über die äußere.

3.6. Ich plädiere für ein staatsbürgerliches Bewußtsein, das keinen Widerspruch zwischen *Nation und Demokratie* konstruiert, sondern die zentrale Aufgabe der Nation in der Entwicklung und Wahrung freiheitlicher Existenzmöglichkeiten im industriellen Zeitalter sieht. Legen wir den Schwerpunkt unserer gemeinsamen Anstrengungen auf Innenpolitik im weitesten Sinne und führen die Außenpolitik bereits im Sinne von Innenpolitik – wie z.B. die Saarlösung bereits Europa vorwegnahm –, dann gliedern wir uns fest in den freien Teil der Welt ein und entwickeln eine ernstzunehmende Alternative für den anderen Teil, ob und wann dafür optiert wird, liegt nicht in unserer Hand.

4.   *Die Mündigkeit*

Dies alles ist freilich leichter gesagt als getan. Es verlangt nämlich den Abschied von manchem Restbestand feudaler und vortechnischer Gesellschaftsvorstellungen und die Überzeugung, daß gerade die Vielfalt unserer Standpunkte und Interessen Teil unserer Stärke ist; es verlangt ständiges Mühen um Information über das Rein-Berufliche hinaus; es verlangt schließlich unspektakuläres Eintreten gegen Unrecht im Alltag und selbständiges Dasein, wenn das öffentliche Interesse es fordert. Solche Bereitschaft gehört aber zur Mündigkeit. Ihr Kriterium ist eben die Fähigkeit, Verantwortungen zu erkennen und auch zu tragen. Verantwortung ist immer sachbezogen, verlangt also Sachkenntnis und Urteilsvermögen; hinter der Sache aber steht gewöhnlich menschliches Schicksal – ihm kann nur sittlich begründete Verantwortung gerecht werden. Übernahme von Verantwortung ist mit Risiko verbunden; ohne Staatsbürger, die im Interesse der Mitbürger Risiken auf sich nehmen, gibt es keine freiheitliche Gesellschaft. Deshalb gehört zum mündigen Staatsbürger die Entschlossenheit, notfalls – freilich nur dann – alles zu wagen in der Überzeugung, die Lebers letzte Worte an seine Freunde ausdrückten: „Für eine so gute und gerechte Sache ist der Einsatz des eigenen Lebens der angemessene Preis."

Bemerkung zu den Zitaten:

Der Vortrag und insbesondere die Zitate stützen sich vor allem auf folgende Neuerscheinungen:

1. Bücher

Bethge, Eberhard: Dietrich Bonhoeffer. Theologe, Christ, Zeitgenosse. München 1967.

Graul, Hermann, Hans Mommsen, Hans-Joachim Reichardt, Ernst Wolf: Der deutsche Widerstand gegen Hitler. Vier historisch-kritische Studien. [Erscheinungsort unbekannt, v.R.]

Lemberg, Eugen: Nationalismus. Bd. I. Psychologie und Geschichte; Bd. II. Soziologie und Politische Pädagogik. Reinbek 1967.

Roon, Ger van: Neuordnung im Widerstand. Der Kreisauer Kreis innerhalb der deutschen Widerstandsbewegung. München, Oldenbourg 1967.

Sontheimer, Kurt, Eberhard Stammler, Hans Heigert: Sehnsucht nach der Nation? Drei Plädoyers. München 1960.

2. Aufsätze

Krockow, Christian Graf von: Nationalstaat und Demokratie. Zur Geschichte und Gegenwart eines deutschen Strukturproblems. In: Schweizer Monatshefte, 47. Jahr, Heft 1. April 1967.

Picht, Georg: Grundlagen eines neuen deutschen Nationalbewußtseins. In: Merkur Nr. 226. Köln 1967.

69,28
Befehl und Gehorsam
Befehlen und Gehorchen
Zum 20. Juli 1969

Heute jährt sich zum 25. Male der Tag des Attentates auf Hitler, das die Unrechtsherrschaft des Nationalsozialismus beenden und den Weg für eine freiheitliche Neuordnung in Deutschland und Europa öffnen sollte. Es war der verzweifelte Versuch, dem Sinnlosen einen Sinn, dem Menschlichen wieder Raum zu geben.

Manch einer mag sich fragen, was das alles mit uns zu tun hat. Hier handelt es sich doch um die Verstrickungen einer vergangenen Epoche, einer anderen Generation. Warum also dieses alljährliche Aufwärmen von Schuld und Elend, dies gefühlvoll-ehrfürchtige Gedenken an Ereignisse, die uns nichts mehr angehen, die sich nicht wiederholen werden und die nur belasten?

Ich meine, man kann die Sache auch ganz anders sehen. Man kann die Chance ergreifen, auf geschichtlichem Hintergrunde ein wenig über Gegenwart und Zukunft nachzudenken. Ob und wie das geschieht, sagt zwar nichts aus über die historische Bedeutung des deutschen Widerstandes, für den Graf Stauffenberg vor 25 Jahren handelte; es sagt aber etwas über unsere Haltung zu den politischen Fragen von heute und morgen. Denn eins ist sicher: wer sich den Traditionslinien des Widerstandes verpflichtet weiß, wird zu recht anderen Antworten und Konsequenzen gelangen als der, der diesen Aufstand der Gewissen unwesentlich findet oder gar ablehnt.

Um nicht missverstanden zu wenden: hier soll keiner pauschalen Glorifizierung des Widerstandes das Wort geredet werden. Damit täten wir uns und der Sache keinen Dienst – dieser Sache, für die eine so grosse Schar von deutschen Frauen und Männern jeden Alters, Berufs und Herkommens aus recht verschiedenartigen Ursachen und Anstössen, unter den unterschiedlichsten Verhältnissen und mit allen denkbaren Mitteln ihr Leben einsetzten. Der 20. Juli zeugt ja nicht nur für die das Attentat tragenden Gruppen. Er wurde zum Symbol für alle, welche die Ideologie wie die Praktika des

Dritten Reiches verabscheuten – ob sie nun der politischen Mitte, den Rechten oder Linken angehörten, ob sie gesellschaftlich „oben" oder „unten" standen, ob sie zum aktiven Widerstand fanden oder in der „inneren Emigration" das Ihre taten, um Unrecht zu mildern, dem Regime zu schaden oder ob sie gar ihr Leben bewusst opferten, um Fanale des Protestes aufzurichten.

Trotzdem sind nicht alle Motivationen und Ordnungsvorstellungen und auch nicht alle Verhaltensweisen des Widerstandes für uns beispielhaft und hilfreich. Dafür war die Bewegung schon politisch zu kontrovers. Nur eine begrenzte Zahl der Pläne und Modelle lässt sich auf unsere Lage übertragen. Einige zum Beispiel sind, von heute her gesehen, reaktionär; andere liessen sich nicht einmal in den Rahmen unserer Grundordnung fügen.

Was mir aber für uns bedeutsam erscheint, sind vor allem zwei Dinge: einmal die Unerbittlichkeit, mit der Erpressung, Rufmord, Gefährdung der Beruflichen Existenz, ja, der Familie, Misshandlung, Folterung und Galgen in Kauf genommen wurden, wo es um menschliche und damit politische Grundfragen ging – und demgegenüber die Toleranz und Kompromissbereitschaft in den Fragen des Ermessens. Wenn auch die Todfeindschaft des Régimes seine Gegner zwangsläufig verband, wenn auch die Linke der militärischen Machtmittel für den Umsturz, die Rechte der Arbeiterschaft für den Wiederaufbau bedurfte, so ist es doch bewegend zu lesen, wie sich in der Auseinandersetzung zwischen den politisch kontroversen Gruppen eine Annäherung der Zukunftsvorstellungen entwickelte zu etwas, das Stauffenberg einmal „soziale Republik" nannte. Unter den Ausnahmebedingungen des Widerstandes gegen einen Unrechtsstaat wurden Maßstäbe gesetzt, die ihre Gültigkeit auch für unseren Rechtsstaat und seine moderne Gesellschaft behielten. Hier wurde beispielhaft vorgelebt, wo Kompromisse notwendig sind als Voraussetzung menschlichen Zusammenlebens und wo sie Unheil stiften, weil sie die sittlichen und politischen Grundlagen jeden Zusammenlebens zerstören. Für uns wird es von der Summe der vielen Einzelentscheidungen abhängen, ob wir fähig sind, eine lebensfähige Demokratie zu gestalten – das heisst unseren Bürgerpflichten in mitverantwortlichem Gehorsam zu genügen.

Die Diskussion um den deutschen Widerstand gegen Hitler krankt daran, dass Widerstand und Ungehorsam häufig miteinander verwechselt werden, obwohl es sich um zwei grundverschiedene Tatbestände handelt: Wer Widerstand leistet, zielt darauf ab, die geltende Staatsform oder Regierung mit Gewalt zu beseitigen. Um dieses Ziel zu erreichen, wird er sich vieler Mittel bedienen und unter Umständen sogar ihm unrecht erscheinende Befehle ausführen – schon, um nicht vorzeitig entlarvt zu werden. Dort, wo eine legale Möglichkeit zur Wiederherstellung des Rechtes nicht mehr existiert, d.h. dort, wo nur noch gewaltsamer Umsturz menschenwürdige Verhältnisse wiederherzustellen verspricht, ist Widerstand am Platze. Ungehorsam dagegen, d.h. Nichtausführen einer gesetzlichen Bestimmung bzw. eines Befehls sagt nichts aus über das Verhältnis des Ungehorsamen zu Staat und Staatsform. Es gibt Fälle, in denen gerade im Interesse und zum Schutz der Grundordnung, im Interesse der Integrität des Staates und des gesellschaftlichen Zusammenhaltes Ungehorsam geübt wird.

Es ist aufschlussreich, einmal die Gehorsamsforderungen des Dritten Reiches an die Wehrmacht mit denen der Bundesrepublik an die Soldaten zu vergleichen, weil hier der Unterschied zwischen autoritär-totalitärem und demokratischem Befehlen und Gehorchen eindeutig zutage tritt.

Das Dritte Reich verstand sich als Führerstaat. Dem gemäss bestimmte ein allmächtiger Diktator als „höchster Gerichtsherr" ohne jede Gegenkontrolle geltendes Recht. Entgegen herkömmlichem Staatsverständnis verfügte der „Führer" über eine Gewalt, die – wie es ein Rechtslehrer jener Zeit formulierte – „umfassend und total, ausschliesslich und unbeschränkt" war. Das deutsche Volk durfte zwar Hitlers schicksalhafte Entschlüsse und Massnahmen nachträglich in fragwürdigen Volksentscheiden bestätigen. Vom Prinzip her war es unmündig, d.h. nicht befähigt, sein Geschick selbst zu bestimmen.

Wie aber sahen in einem solchen Régime die Instrumente des Führerwillens aus? Sie bestanden aus der Partei und dem Staat mit vage gehaltenen Kompetenzen, deren Rivalitäten Hitler die Schiedsrichterrolle ermöglichten, durch die seine Gewalt bis in die letzten Verästelungen des staatlichen und gesellschaftlichen Lebens drang. Die Gesellschaft wurde nach dem Modell einer Kampf- und Kriegsgemeinschaft strukturiert, in der alle Gegensätze diffamiert und eingeebnet waren. „Todfeinde" werden aufgebaut, um die Zumutungen solcher Gleichschaltung zu rechtfertigen und die inneren Spannungen nach aussen abzuleiten. So sah sich der Einzelne als gefügiges, willenloses Werkzeug dem allmächtigen Führer gegenüber. Hier gab es nur noch Freund und Feind, Schwarz und Weiss.

In diese Atmosphäre passt nur der unbedingte Gehorsam. Einwendungen oder gar Rechtsmittel gegen Anordnungen sind undenkbar – sowohl nach der gültigen Ideologie, als nach der herrschenden Praxis. Wie Hitler rechtes Befehlen und Gehorchen versteht, geht aus der Eidesformel hervor, auf die die Wehrmacht nach Hindenburgs Tod verpflichtet wurde: „Ich schwöre bei Gott diesen heiligen Eid, dass ich dem Führer des Deutschen Reiches und Volkes Adolf Hitler unbedingt Gehorsam leisten will."

Sehen wir einmal ganz davon ab, dass ein Eid vor Gott mit unbedingtem Gehorsam vor Menschen gar nicht zu vereinen ist, so bleibt die Tatsache, dass der Wehrmachts-Soldat aller Maßstäbe für seinen Gehorsam wie etwa Verfassung und Recht beraubt war. Ihm blieb nur die Unterwerfung unter einen unkontrollierten Führer. Damit ist er buchstäblich zum Menschenmaterial degradiert, dem Mitverantwortung und Gewissen verwehrt sind; hier gibt es nur noch Befehlsempfänger, die kritiklos Befehle ausführen und weitergeben.

Geht man der Frage nach, wie es möglich war, einer festgefügten Beamtenschaft und einem traditionsbewussten Berufsheer eine derartige Selbstaufgabe aufzuzwingen, so muss festgestellt werden, dass hier bestimmte obrigkeitsstaatliche Überlieferungen eine wesentliche Rolle spielten. Allzu lange hatte der Staat als transzendente Grösse von sittlichem Wert gegolten; ein formales Dienstethos heiligte jeden Befehl, und so sah man seine höchste Erfüllung darin, Dinge um ihrer selbst willen zu tun. Auch Ordnung, Stabilität, Autorität und Disziplin waren zu Werten per se geworden und standen weit höher im Kurs als politische Moral.

Und wie steht es heute?

Befehle, die keinen dienstlichen Zwecken dienen bzw. die Menschenwürde verletzen, brauchen nicht, solche, die ein Verbrechen oder Vergehen herbeiführen, dürfen nicht befolgt werden. Vorgesetzte dürfen also Befehle nur zu dienstlichen Zwecken und nur unter Beachtung der Regeln des Völkerrechts, der Gesetze und der Dienstvorschriften geben. Untergebene haben diese Befehle nach besten Kräften, vollständig, gewissenhaft und unverzüglich auszuführen. Das ist, das klingt zumindest sehr viel komplizierter als die lapidare Forderung nach unbedingtem Gehorsam. Immerhin sind hier aber klare Maßstäbe gesetzt, an denen Befehlsgewalt und Gehorsamspflicht sich messen und nachprüfen lassen. Im Sinne der Rechtsstaatlichkeit darf, ja muss verlangt werden, was zur Funktion gehört: nicht weniger, aber auch nicht mehr. Im Sinne der Verantwortungsethik muss der Gehorsam gewissenhaft sein, d.h. nicht nur peinlich genau in der Ausführung, sondern auch in kritischer Beurteilung seiner Rechtmäßigkeit und sittlichen Relevanz.

Es kann nicht verwundern, wenn für totalitäre, aber auch für obrigkeitsstaatliche Ordnungsvorstellungen mit ihrer immanenten Tendenz zur Menschenverachtung, solche Regelungen eine Überforderung der Untergebenen und damit Gefahr für die Schlagkraft der Truppe bedeuten. Dem Gewissenhaften dagegen, dem am freiheitlichen Menschenbild Orientierten ermöglicht es erst diese Zuordnung von Befehl und Gehorsam, überhaupt als Soldat zu dienen; erst diese Verteilung von Verantwortung schafft ein menschliches Klima, in dem verantwortungsbewusst befohlen und gehorcht werden kann – wozu noch anzumerken wäre, dass der Soldat in aller Regel Gehorchender und Befehlender zugleich ist.

Befehlen und Gehorchen ist kein soldatisches Sonderproblem. Überall im menschlichen Zusammenleben werden Anordnungen gegeben und befolgt; überall besteht daher die Spannung zwischen Befehlenden und Gehorchenden, zwischen dem Einzelnen und seiner Gruppe – sei es die Familie, die Schulklasse, der Betrieb, der Verein oder der Staat. Nichts liegt mir ferner, als die Bundeswehr zum Organisationsmodell für die zivile Umwelt zu erheben. Ich meine aber, dass das Soldatengesetz eine freiheitlich-rechtsstaatliche Lösung des Gehorsam-Problems gefunden hat, die wertvolle Hinweise und Analogien für die Ausübung staatsbürgerlicher Verantwortung überhaupt gibt. Das ist kein Wunder, der Soldat wurde ja als Staatsbürger in Uniform konzipiert – als ein Bürger also, der nicht nur seine Funktion als Angehöriger des öffentlichen Dienstes ausfüllt, sondern der sich überdies gerufen fühlt, in kritischer Loyalität zum Staate auch andere Rollen in der Gesellschaft zu übernehmen.

Vom gewissenhaften Befehlen und Gehorchen überall im Staatlichen und gesellschaftlichen Leben hängt – wenn ich recht sehe – unsere Zukunft ab. Weder totale Unterwerfung, d.h. Gehorsam ohne Gewissen, noch unbedingter Ungehorsam – wir können auch sagen: weder Reaktion noch Revolution – schaffen die Voraussetzungen für menschenwürdiges Zusammenleben in dieser immer komplizierter werdenden Welt – und von nichts anderem als diesen Voraussetzungen handelt unser Thema. Es sollte uns daher beim Rückblick auf den 20. Juli nicht in erster Linie um den Widerstand von damals gehen, sondern um die Lehre an uns: um den mitverantwortlichen, kritischen Gehorsam von heute, der uns den potentiellen Unrechtsstaat von morgen und damit die Pflicht zum Widerstand ersparen soll.

74,21
Über den Eid
Ansprache zum 20. Juli 1974 im Bayerischen Rundfunk

Der Aufstand vom 20. Juli jährt sich dieses Jahr zum 30. Male. Wir kennen den tragischen Ausgang und seine Folgen. Auch über die Motive und über die politischen Zielvorstellungen ist vieles gesagt und geschrieben worden.

Der Wagemut, der diese Männer und Frauen beseelte, war beispielhaft und wird es bleiben – selbst wenn uns Heutigen manche ihrer Vorstellungen vom anderen Deutschland, das dem Dritten Reich folgen sollte, überholt vorkommen.

Allein wesentlich erscheint mir die Tatsache, dass im deutschen Widerstand Menschen aus fast allen Gruppen – unter Bedingungen, welche die Nachwelt kaum mehr nachzuvollziehen vermag – ihr Leben, ja ihre und ihrer Familien Existenz gegen ein Régime einsetzten, das ihnen moralisch und politisch unerträglich war.

Doch möchte ich heute nicht die politisch-historische Linie noch einmal nachziehen; vielmehr mit Ihnen über eine Einzelfrage nachdenken, die in der Diskussion um den Widerstand eine hervorstechende Rolle einnimmt: *über den Eid.*

Unter den Widerstandskämpfern war den Offizieren eine Schlüsselrolle zugedacht, weil sie allein über die notwendigen Machtmittel zu verfügen schienen. Wie sich später erwies, waren allerdings ihre Möglichkeiten, die Gegengewalt zu organisieren überschätzt worden – sowohl die äusseren wie die inneren. Das ihrem Wesen unbegreifliche und fremde NS-System war ihnen in seiner Skrupellosigkeit von vornherein überlegen – sie waren seinen Mechanismen weder psychologisch noch methodisch gewachsen. Ihre von Berlin ausgehenden Befehle vermochten nicht das Ausmaß an Kooperation zu mobilisieren, das zum Sturz der Schlüsselstellungen der Diktatur nun einmal erforderlich war. Ihre Erwartung, dass die über Fernschreiber erteilten Befehle den Sturz des Régimes auslösen würden, musste unter anderem schon deshalb fehlschlagen, weil die Informationen über das bekämpfte System sowie über die eigenen Handlungsmotive nur unzureichend bleiben konnten. Ihr Dilemma war, dass einerseits jeder Mitwisser eine potentielle Gefahrenquelle bedeutete – ganz zu schweigen von dem Risiko, bei Erweiterung des Kreises an Unzuverlässige zu geraten – , dass aber andererseits das Gelingen der Aktion von der Verfügung über eine Reihe von Befehlszentren und Fernmeldemittel abhing.

Der Fall des damaligen Kommandeurs des Berliner Wachbataillons, Major Remer, ist exemplarisch für diesen Konflikt:

Ohne Überblick über die Lage, führt er zunächst die Befehle der Verschwörer aus, fällt aber sogleich um, als er durch Göbbels erfährt, dass Hitler noch am Leben sei. Er werde – so erklärt er sofort – „als anständiger nationalsozialistischer Offizier auf jeden Fall, getreu dem Eide zum Führer, seine Pflicht erfüllen".

Dies unreflektierte Eidverständnis beschränkte sich keineswegs auf überzeugte Nazis – es entsprach durchaus der weitverbreiteten Meinung. Man muss sich nur einmal ins Gedächtnis rufen, was damals geschehen war.

Noch am Todestage des Reichspräsidenten von Hindenburg, am 21. August 1934, hatte der Reichswehrminister von Blomberg alle Soldaten auf Hitler vereidigen lassen. Abgesehen von der opportunistischen Eilfertigkeit, mit der dieser Akt betrieben wurde, ist er in mehrfacher Hinsicht bemerkenswert:

- Vereidigung und veränderte Eidesformel entbehren jeder gesetzlichen Grundlage – die wurde erst 3 Wochen später nachgeliefert;
- der Eid verpflichtete zu „unbedingtem Gehorsam", d.h. zur persönlichen Bindung an Hitler – der Bezug auf die Verfassung war gestrichen;
- der Eid verpflichtete dazu, „jederzeit … (das) Leben einzusetzen" und stellte damit den Eidnehmer total in Dienst;
- und all dies unter der Anrufung: „Ich schwöre bei Gott diesen heiligen Eid"!

Nur wenige Offiziere, wie beispielsweise die Generale Beck und Stephanus oder der junge Hauptmann Stief, erkannten das Alarmzeichen und fühlten die heraufziehende Gefahr. Doch die Überrumpelung des 2. August 1934 gelang. Gefühlige Reste einer gestörten Tradition und das Unbehagen gegenüber der ungeliebten Demokratie beflügelten die Neigung, in dem neuen Regime und seiner Gehorsamsforderung die verheissungsvolle Anknüpfung an eine glänzende Vergangenheit zu erblicken. Wäre das Verhältnis zu Geschichte und Tradition noch intakt gewesen, hätte die Erkenntnis dämmern müssen, dass ein religiös bekräftigter Unterwerfungseid ein Widerspruch in sich ist; dass dies weder Vorbilder in der preussisch-deutschen Militärgeschichte hatte, noch mit christlichem Eidverständnis vereinbar war. So aber war es möglich, dass kritisches Nachdenken sich nur allzu bereitwillig durch Emotion überspielen liess.

Prüft man die geschichtliche Überlieferung der Diensteide, so stellt man fest, dass es sich um Treue- und Gehorsamseide handelt. Treu sein heisst, „den Nutzen und das Beste des Eidnehmers fördern, Schaden und Nachteil aber von ihm abwenden durch treues und redliches Dienen". So lautet ein wesentlicher Teil des deutschen Soldateneides bis zur Auflösung der Monarchie im November 1918. Hier treffen wir auf die gleichen Beteuerungsformeln, wie sie auch der mittelalterliche Personenverbandsstaat kannte. Treue war ein zweiseitiges Verhältnis zwischen Eidnehmer und Eidgeber: Schutz und Schirm auf der einen, Dienstleistung, Rat und Hilfe auf der anderen Seite. Rat und Hilfe waren der unmittelbare Ausdruck der Treuepflicht.

Der Eid begründete also nach diesem Verständnis rechtliche Verpflichtungen auch für den eidnehmenden Kriegsherrn. Die Zusicherung gegenseitiger Treue erhielt die Bedeutung eines Vertragsabschlusses. Der „Fahneneid" der späteren Landsknechte war nichts anderes, als die Besiegelung eines gegenseitigen Rechtsgeschäftes. Immer wieder liefen Regimenter auseinander, wenn ihr Recht auf Gegenseitigkeit – z.B. auf Sold oder Beute – verletzt wurde.

Diesen – man kann sagen – „Unsicherheitsfaktor" beseitigte der Absolutismus durch die Verstaatlichung des freien Söldnertums.

Um über ein politisch zuverlässiges und in der geschlossenen Kampfordnung funktionierendes Instrument verfügen zu können, verlangte der Landesfürst von seinen Soldaten strikte Unterwerfung. Hier entstand eine andere Traditionslinie des Fahneneides. Sie band den Gehorsam an die genaue Befolgung der „vorgelesenen Kriegsartikel und die … erteilten Vorschriften und Befehle" und richtete darüber hinaus an den einzelnen den Appell – wiederum zitiert: „ein rechtschaffender, unverzagter, pflicht- und ehrliebender Soldat" zu sein. Ein Leitbild wird postuliert!

Die religiöse Beteuerungsformel ist hier weniger der Anruf Gottes zum Zeugen für die Ehrlichkeit der Zusage, als viel eher die Versicherung, sich im Interesse der beschworenen Dienstleistung des Halts und der Hilfe Christi und seines heiligen Evangeliums zu bedienen.

Die Eide der Monarchie verlangten – daran ist nicht zu deuteln – <u>auch</u> strikten Gehorsam gegenüber Kriegsartikeln wie Befehlen; sie waren Treue- und Gehorsamsverpflichtungen gegenüber dem Staatsoberhaupt als oberstem Kriegsherrn. Die Idee des Verfassungseides, die mit der Entwicklung zur konstitutionellen Monarchie und der damit zusammenhängenden Beschränkung der monarchischen Machtstellung aufkommt, konnte sich in Deutschland nicht durchsetzen. Man hielt es für unzumutbar und mit dem militärischen Gehorsam nicht vereinbar, dass Soldaten erhaltene Befehle auf ihre Übereinstimmung mit der Verfassung überprüfen sollten oder auch nur dürften. Hier ging es um die politische Frage, ob die preussisch-deutsche Armee ein Volksheer oder eine königliche Garde werden sollte – wie es Gerhard Ritter formuliert.

Jedoch trotz aller verhängnisvollen gesellschaftlichen Folgen der Entwicklung zur königlichen Garde und der entsprechenden eidlichen Verpflichtung, beliess der Eid der Monarchie dem Eidleistenden wenigstens noch <u>ein</u> Kriterium, an dem er seine Gehorsamspflicht bzw. ihm erteilte Befehle konkret messen konnte: er war verpflichtet, „Allerhöchstdero Nutzen und Bestes zu fördern, Schaden und Nachteile aber abzuwenden" – wobei „Höchstdero" stauenswerterweise nicht etwa Gott, sondern den Monarchen meint!

Sicher konnte nur eine schmale Führungsschicht in dieser Weise reflektieren und im Konfliktfall entscheiden; doch hatte sie wenigstens diese kritische <u>Möglichkeit</u> und damit Verpflichtung.

Der Fahneneid von 1934 steht in krassem Gegensatz zu dieser Tradition, auf die er angeblich zurückgreift. Die Eidesformel mit ihrem Anspruch auf unbedingten Gehorsam und dem Postulat, „für diesen Eid jederzeit das Leben einzusetzen", spiegelt die ganze Rigorosität des totalitären Führerstaates wider. Bereits die Sprache verrät den Ungeist dieser Schwurformel. Einerseits wird der Eid zum „heiligen Eid" hochstilisiert – auf der anderen Seite durch die Forderung zu „totalem Gehorsam gegenüber dem Führer" jede transzendente Verantwortung des Eidleistenden im Keime erstickt. Der gleiche Nihilismus spricht aus dem Anspruch auf die Entscheidung über Leben und Tod der Eidnehmer; der „Führer" maßt sich – über die Befehlsgewalt hinaus – an, was nach christlichem und humanitärem Menschenbild nicht der Entscheidung von Menschen anheimgestellt sein darf.

Was hier geschah, haben seinerzeit nur erschreckend wenige erkannt. Und das, obwohl die Soldaten der Reichswehr in den 1 ½ Jahrzehnten der Weimarer Republik einen eindeutigen Verfassungseid geleistet hatten – d.h. obwohl die Masse der 1934 vereidigten Offiziere das Gegenbild aus persönlicher Erfahrung kannte.

Das Vereidigungszeremoniell von 1934 – der Schwur auf Fahne, Säbel und Kanone, bis hin zur Floskel: „Ich schwöre bei Gott" – war so nichts weiter als – wie Joachim Fest in seiner Hitler-Biographie ausdrückt – „altertümelnde Folklore", die nur „Vorvätererbe" wieder „zu dekorativen Ehren brachte". Dahinter verbarg sich in Wirklichkeit eine Strukturrevolution, die Hitler in Gang gesetzt hatte.

Dieser Hintergrund wurde wieder hochaktuell, als bei der Planung der Wiederbewaffnung, Anfang der 50er Jahre, auch Form und Inhalt der Dienstverpflichtung zukünftiger Soldaten geregelt werden musste.

Es stellte sich die Frage, ob man den Soldaten der Bundeswehr überhaupt noch einen Eid zumuten solle, nachdem er durch das Nationalsozialistische Gewaltsystem pervertiert, aber auch durch die Flut der eidesstattlichen Erklärungen nach 1945 entwertet worden war. Diesen Bedenken wurde mit gewisser Berechtigung entgegengehalten, dass der Mißbrauch durch ein qualitativ unvergleichbares System noch nichts über den objektiven Wert einer Konvention aussage; dass zumindest der freiheitliche Rechtsstaat Normen und Stil nicht nur am negativen Gegenbilde entwickeln dürfe.

Hinzu kam, dass das Bundesbeamtengesetz von 1953 – offensichtlich ohne sonderliche Reflexion über die Probleme – den Diensteid für die Berufsbeamten bereits wieder eingeführt hatte. Eine unterschiedliche Regelung für die Streitkräfte hätte daher die endlich vollzogene generelle Gleichstellung aller Angehörigen des Öffentlichen Dienstes – ob mit oder ohne Uniform – erheblich gestört. Auch befanden Regierung und Mehrheit [im Parlament], dass die Wehrgesetzgebung unter Zeitdruck stände und nicht „unnötig" belastet werden dürfe.

So statuierte das Soldatengesetz die Eidespflicht für Berufssoldaten und Soldaten auf Zeit – also für diejenigen Angehörigen der Bundeswehr, die freiwillig und in aller Regel als Vorgesetzte oder als Spezialisten in gehobener Verantwortung stehen.

Schwieriger war die Entscheidung über die In-Pflicht-Nahme der Wehrpflichtigen. <u>Gegen</u> ihre Vereidigung sprach der Gedanke, dass es widersinnig sei, einen Menschen, der durch Gesetz zum Wehrdienst gezwungen werde, auch noch mit einer Eidleistung zu belasten; denn Eide zu erzwingen, bzw. Eidverweigerung zu bestrafen, war trauriges Vorrecht des Dritten Reiches gewesen. Davor hatte es immer Ausnahmeregelungen für christliche Sekten gegeben, deren Mitglieder – unter Berücksichtigung ihrer Gewissensbedenken – vom Eide befreit wurden. Doch abgesehen von diesem Sonderfall, herrschte in der preussisch-deutschen Militärgerichtsbarkeit seit langem ein Konsensus darüber, dass der Eid für Wehrpflichtige keinen Rechtscharakter mehr haben könne, nachdem die militärischen Dienstpflichten insgesamt wie im einzelnen durch die Wehrgesetzgebung geregelt worden waren. Eidbruch war hinfort nicht mehr justiziabel, wie das Reichs-Militärgericht bereits 1902 in einem Urteil zur Fahnenflucht ausgeführt hatte. Hiernach kam dem Fahneneid „nur die Bedeutung einer äusserlich erkennbaren, feierlichen Bekräftigung getreuer Erfüllung der schon im Augenblick der Zugehörigkeit zum Heer übernommenen Dienstpflichten" zu.

<u>Für</u> die Vereidigung der Wehrpflichtigen wurde damals die angeblich notwendige Einheitlichkeit der Dienstverpflichtungen aller Soldaten angeführt und die Besorgnis, dass sich die Nicht-Vereidigten als Soldaten zweiter Klasse diffamiert oder aber als weniger verpflichtet fühlen würden. Hier klang manch obrigkeitsstaatliche Menschenverachtung und eine mechanistische Gehorsamserwartung durch.

Nach langen Diskussionen in Ausschüssen und Plenum [des Bundestages] beschloss der Gesetzgeber mit knapper Mehrheit, den Wehrpflichtigen nur ein feierliches Gelöbnis aufzuerlegen, das den gleichen Wortlaut hatte, wie der Eid. Es sollte nach Auffassung des Verteidigungsausschusses von den Wehrpflichtigen „erst nach Abschluss der Grundausbildung verlangt werden, damit vorher eine eingehende Belehrung über den Sinn und den Umfang seiner Pflichten erfolgen kann, die ihm dieses Gesetz auferlegt".

Hiermit war eine Regelung getroffen, die in ihrer Liberalität und Logik manchen Wehrpflichtigen vor unnötigen Skrupeln bewahrte, der die Bundeswehr eine Reihe von Konflikten ersparte und sich, soweit ich es übersehe, voll bewährt hat.

Ein anderes, vielleicht noch ernsteres Problem beschäftigte Bundestag und Öffentlichkeit in jenen Jahren: es war die Frage: besitzt der religiös fundierte Eid denn überhaupt noch tragende Kraft in einer Zeit fortschreitender Verweltlichung von Staat und Gesellschaft? Hatte nicht gerade die Nachkriegsdiskussion über die Mitschuld der Wehrmacht – insbesondere der Generalität – am Erstarken des Nationalsozialismus, aber auch an der Kriegsführung gegen alle politische Vernunft und Grundsätze des Kriegsrechts bewiesen, dass die Eidleistung heutzutage Verantwortungen nicht etwa verdeutlicht, sondern eher verdeckt? Dass sie die Gewissen eher einschläfert, statt sie zu schärfen?

Erinnern wir uns nochmals an die Unbedenklichkeit, mit der die Reichswehrführung noch an Hindenburgs Todestage den Treueid auf die Reichsverfassung sowie das Schutzgelöbnis für die Unversehrtheit des Deutschen Reiches und seiner gesetzlichen Einrichtungen durch einfachen Befehl aufhob. Ein solches Vorgehen widersprach – wie wir sahen – nicht nur dem Gesetz und der Verfassung; es verstiess auch gegen das überkommene Recht.

Die älteren Offiziere konnten kaum vergessen haben, dass Wilhelm II: sie im November 1918 rechtskräftig von ihrem Fahneneid entbunden hatte. Trotz dieses Präzedenzfalles nahmen sie es hin, dass ihre Verpflichtung gegenüber der Weimarer Verfassung sang und klanglos annulliert wurde. Jedenfalls verweigerten – wie wir durch den Stand der historischen Forschung heute wissen, nur wenige die befohlene Eidleistung im August 1934. Als einer der wenigen wies General Stephanus in der Begründung seiner Eidverweigerung auf diese Entbindung von seinem Fahneneid durch den Kaiser hin, die ihm den neuen Diensteid auf die Weimarer Republik erst gestattet habe; diesen Eid sei er weiterhin zu halten gewillt – eine neuerliche Vereidigung erachte er daher nicht für notwendig.

Mit dieser Haltung bewies General Stephanus Eidverständnis und zugleich Loyalität.

Die überwiegende Mehrzahl der Offiziere fühlten keine Bedenken, den Eid zu leisten. Sie ermöglichten Hitler damit die staatsstreichartige Machtübernahme und versetzten sich selber in eine ausweglose Situation.

Die neue Eidesformel schloss – wie es eine offizielle Schrift aus der Zeit triumphierend feststellt: „keine Vorbehalte, keinen Ausweg in sich". Genau dadurch wurde aber der Eid in sein Gegenteil verkehrt.

Nach christlichem Verständnis impliziert die Anrufung Gottes nichts anderes, als das Recht und die Pflicht des Eidleistenden, im Zweifelsfall Gott mehr zu gehorchen als den Menschen. Gerade diesen Sachverhalt verdeckte Blombergs Eidesformel aber. Damit wurde nicht nur jede Opposition, sondern bereits jede moralische, jede rechtliche, jede sachliche Kritik an einem Befehl oder einer Maßnahme des Regimes zum Treu- bzw. Eidbruch überhöht.

Ganz sicher gibt es vielerlei Gründe für dieses Versagen. Sie liegen nicht zuletzt im N.S.-System selbst, das – wie alle totalitären Regime – nur die Wahl liess: gehorchen aber unverantwortlich oder verantwortlich aber ungehorsam und damit selbstmörderisch zu handeln.

Man darf unterstellen, dass ein solches Dilemma sich in der Bundesrepublik Deutschland nicht wiederholen wird. Zumindest wäre es abwegig, Gesetze auf diesen Ausnahmefall auszurichten. Trotzdem kann nicht bezweifelt werden, dass eine unpräzise Verpflichtung – d.h. eine Verpflichtung, die nicht auch eindeutig die Grenzen des Gehorsams setzt – heute wie damals ihre Gefahren in sich birgt. Das Grundgesetz hat nicht ohne Grund im Artikel 20 das Widerstandsrecht aller Deutschen gegen jeden verankert, der die verfassungsmäßige Ordnung zu beseitigen unternimmt.

Aber bereits unter normalen Bedingungen wird sich der Gewissenhafte unklaren Verpflichtungen wenn irgend möglich entziehen, der Unbedenkliche sie ausnutzen, um seiner Lust am Funktionieren umso ungehemmter zu frönen. Vertrauen in die Befehlsgebung kann sich auf solcher Grundlage nicht bilden; der Forderung nach uneingeschränktem Gehorsam nachgeben, hieße Verantwortungslosigkeit unterstützen bzw. Gefühle des Ausgeliefertseins kultivieren.

Wenn es stimmt – und fast alles spricht dafür – dass mit fortschreitender Säkularisierung unserer Gesellschaft das christliche Eidverständnis mehr und mehr schwindet, wird diese Verpflichtung für die einen zu einer leeren Floskel, für die anderen zu einer mystischen Bindung.

Ganz abgesehen von alledem bleibt die grundsätzliche Frage an die staatstragenden Kräfte, ob der Eid eigentlich noch zum Charakter dieses Staates passe.

Das Grundgesetz verlangt, dass die staatlichen Einrichtungen allen Bürgern Glaubensfreiheit garantiert – eben auch die Freiheit des Nicht-Glaubens an menschliche Verantwortlichkeit gegenüber – bzw. Abhängigkeit von einer transzendenten Macht. Der Staat gilt – und versteht sich auch nicht mehr wie ehedem als Teil der göttlichen Weltordnung; er bezieht von daher keine Autorität. Noch so legitime politische Zielsetzungen lassen sich mit dem Willen Gottes nicht mehr begründen.

Der Staat dient heute der freiheitlichen Existenz und Sicherheit seiner Bürger; seine Organe sind von diesen eingesetzt und werden von ihnen kontrolliert. Der religiöse Glaube ist privatisiert und führt in sehr verschiedene Glaubensgemeinschaften, deren Haltung zum Eid übrigens recht unterschiedlich ist.

So ist in aller Regel anzunehmen, dass nur ein Teil der Eidesleistenden ein bewusstes, jedoch nicht einmal gemeinsames Eidverständnis hat. Die übrigen unterwerfen sich dieser Forderung mit mehr oder minder skeptischem Unbehagen – jedenfalls mit nur recht bedingtem Verständnis. Auch das Fortlassen der Anrufsformel ändert daran wenig. Es bleibt das Gefühl, hier werde mehr verlangt, als von der Sache her notwendig wäre.

Genau dies Mehr ist, wie mir scheint, nur schwer mit dem rechtsstaatlichen Prinzip vereinbar, den Staatsbürger nicht mehr und nicht weniger als jeweils erforderlich in Anspruch zu nehmen. Es bedeutet einen Eingriff in die Freiheit des Einzelnen, heisst die Pflichten in obrigkeitsstaatlicher Weise über die Rechte setzen, die Ausnahmesituation zum Regelfall erheben.

Um kein Mißverständnis aufkommen zu lassen:

Selbstverständlich muss der Staat von den Angehörigen des Öffentlichen Dienstes bestimmte Verhaltensweisen, aber auch bestimmtes Handeln und Unterlassen fordern, wie es von der Funktion her notwendig ist.

Selbstverständlich hat der Staat das Recht, Verfehlungen gegen diese Pflichten festzustellen und zu ahnden, wie er andererseits besondere Leistungen herausheben kann. Um dieses Dienstverhältnis zu sichern, genügt es, die besonderen Rechte und Pflichten gesetzlich für ganze Berufsgruppen, mit Vorschriften und Dienstanweisungen für einzelne Funktionen festzulegen – als Basis für den jeweiligen Dienstvertrag.

Alles was darüber hinausgeht, scheint mir fragwürdig – ganz besonders wenn es – wie der Eid – den Menschen im Kern seines Wesens beansprucht.

Diese Gedanken sind nicht neu. Eine Reihe von Politikern und Sachverständigen, – darunter Vertreter der Kirchen, warnten seinerzeit vor der Wiedereinführung des Soldateneides und sprachen sich für eine nichteidliche Verpflichtung aus.

In letzter Zeit wurde die Eid- bzw. die Gelöbnisformel infragegestellt – jedenfalls soweit sie die Verpflichtung betrifft, „das Recht und die Freiheit des Deutschen Volkes tapfer zu verteidigen".

Der Gesetzgeber hat seinerzeit auf die Formulierung der Grundpflicht des Soldaten – und damit auf den Wortlaut der Eidesformel – grosse Sorgfalt verwandt. Der erste Teilsatz: „der Bundesrepublik Deutschland treu zu dienen" unterstreicht die Gehorsamspflicht gegenüber den Gesetzen und den legalen Befehlen der gesetzmässigen Vorgesetzten.

Der zweite – nunmehr strittige – Teilsatz weist auf den Sinn des Dienstes hin und gilt keineswegs nur für den Verteidigungsfall. Der Soldat – insbesondere der Freiwillig-länger-Dienende – wird damit verpflichtet, durch sein gesamtes Verhalten für die freiheitlich-demokratische Grundordnung einzutreten. Der Ernstfall ist also auch in diesem Sinne – um ein Wort Gustav Heinemanns aufzunehmen – der Frieden! Diese Pflicht bezieht sich auf den dienstlichen wie ausserdienstlichen Bereich.

Im Einklang mit der politischen Gesamtkonzeption jener Jahre unterstreicht der Bundestag die Verantwortung der BRD und ihrer Staatsbürger – also auch der Soldaten – für Recht und Freiheit des gesamten Deutschen Volkes.

Diese Formulierung gab und gibt Anlass zu Verdächtigungen und Sorgen; man liest aggressive Tendenzen hinein, die ernsthaft nie bestanden haben, die die Verfasser des Soldatengesetzes jedenfalls nie unterstützt hätten.

Es wäre aber durchaus erwägenswert, auch verbal die Mitverantwortung des Staatsbürgers in Uniform für Recht und Freiheit auf den Geltungsbereich des Grundgesetzes einzugrenzen. Das würde diese Pflicht nur konkretisieren und entspräche der Entspannungspolitik, zu der sich West und Ost inzwischen entschlossen haben.

Wenn ich unsere Überlegungen noch einmal zusammenfasse, so lässt sich feststellen:

- Der 20. Juli 1944 warnt davor, Menschen zu vereidigen, deren Eidverständnis ungenügend ist, und die daher im Konfliktfall dem Befehl des Eidnehmers und nicht ihrem Gewissen folgen;
- Der 20 Juli zeigt sehr deutlich, dass nur solche Menschen öffentliche Verantwortung verlässlich erfüllen, die sich der Verfassung, d.h. dem Grundgesetz und damit dem Frieden verpflichtet wissen.

Ob die Eidforderung an Politiker und Angehörige des Öffentlichen Dienstes heutzutage notwendig und hilfreich ist, wage ich zu bezweifeln. Will man aber an dieser Form der Verpflichtung festhalten, dann sollte eine intensive Diskussion über den Eid und seine Problematik geführt werden. Eidverständnis ist heute nicht mehr ohne weiteres vorauszusetzen und die Eidleistenden dürfen nicht wieder im Stich gelassen werden.

Die weitere Entwicklung der freiheitlich-demokratischen Grundordnung und damit auch der internationalen Beziehungen des Bundesrepublik Deutschland hängt von der politischen Haltung ihrer Politiker, Beamten und Soldaten ab. Doch lässt sich diese ganz sicher nicht durch Vereidigung garantieren. Die Bereitschaft, für unsere Ordnung notfalls auch Risiken einzugehen, entspringt der Überzeugung von ihren Werten.

Dafür hat der 20. Juli 1944 uns Deutschen die Sinne geschärft.

78,2

Widerstand aus Gehorsam – Die Wandlung des Generals Ludwig Beck

Buchbesprechung zu Nicholas Reynold: Ludwig Beck. Gehorsam und Widerstand. Wiesbaden München, 1977

Es besteht weithin der Eindruck, als finde die überwiegende Mehrheit der westdeutschen Bevölkerung, insbesondere die junge Generation, kein inneres Verhältnis zum deutschen Widerstand gegen Hitler. Ob dieser Mangel an Interesse einer insgesamt unhistorischen Haltung oder einer besonderen politischen Einstellung entspringt, sei dahingestellt. Die Tatsache ist beunruhigend; diejenigen, die sich mit politischer Bildung befassen, sollten sich dieser Frage annehmen. Sie ist uns mindestens seit Fest's Hitler-Film neu gestellt. Es geht dabei, wie mir scheint, nicht so sehr um die Bewältigung von Vergangenheit, sondern vielmehr um die der Zukunft.

Ganz unbegreiflich wird diese Uninteressiertheit, nimmt man Bücher zur Hand wie Nicholas Reynolds "Beck, Gehorsam und Widerstand, Limes-Verlag, Wiesbaden und München, 1977". Hier werden gesellschaftliche wie zwischenstaatliche Entwicklungen, unterschiedliche Schicksale und Ereignisse von so dramatischer Dichte dargestellt, daß sie eigentlich jeden Menschen mit nur etwas Sinn für Geschichte und politische Prozesse faszinieren müßten – nicht etwa nur den, der Zeuge des Geschehens war und die meisten Personen wie Daten miterlebte.

Reynolds konzentriert seine Darstellung auf den "Soldaten Beck" in betontem Gegensatz zu den "konservativen deutschen Historiker(n)" die "Beck als Mann des Widerstandes" herausstellen. Dieser Ansatz scheint mir gelungen. Das Buch zeigt jedenfalls in sorgfältiger Auswertung auch teilweise neuer Quellen die tragische Entwicklung eines ungewöhnlich begabten, ethisch fest fundierten, gebildeten und fachlich hochqualifizierten Offiziers, der sich nach Herkunft, Tradition, eigener Geschichte und Berufsverständnis als unpolitisch verstand und in einem leidvollen Lernprozeß die politischen Dimensionen – auch die des eigenen Tuns – stets zu spät entdeckte.

Ludwig Beck kommt aus einem kultivierten Elternhaus, in dem ein nach innen wie außen starker Staat als Selbstverständlichkeit galt und in dem vorindustriell-patriarchalische Vorstellungen von der Gesellschaft herrschten. Für ihn steht die Berufswahl außer Zweifel; strenge Pflichterfüllung, bedingungslose Loyalität und ein fester Ehrenkodex werden ihn sein Leben lang auszeichnen. Im Weltkrieg I findet er wesentlich in Stäben Verwendung. Bei der Heeresgruppe Kronprinz wird er zum ersten Mal mit politischen Problemen konfrontiert: dem Widerspruch gegen Ludendorffs Kriegspolitik und der Loyalität gegenüber den Hohenzollern. Das Kaiserreich bricht für ihn nicht aus militärischen Gründen zusammen, auch nicht wegen der politischen, wirtschaftlichen und menschlichen Überforderung des Volkes; es sind die „Novemberverbrechen" wie Verrat, Revolution und die Schändung des "heldischen Geistes", die eine heile und hehre Welt bösartig zerstören.

Hier wurzelt Becks gespaltenes Verhältnis zur Demokratie, insbesondere der von Weimar. Die republikanisch-demokratischen Parteien sind als Nachfolger der Revolutionäre von 1918 nicht in der Lage, im Innern Ordnung zu halten und damit – was für Beck entscheidend ist – die "Fesseln von Versailles abzuschütteln" und die selbstverständliche Großmachtstellung des Deutschen Reiches wiederherzustellen.

Die Reichswehr sieht er – wie Seeckt – als Übergangserscheinung, d. h. als Gerüst für eine spätere größere Wehrmacht; ihre Loyalität gilt nur einer imaginären Größe "Volk und Staat". So nimmt es nicht Wunder, daß Beck seit 1929 seine Hoffnung auf Hitler setzt, der als "wirklicher Volksführer" Überwindung des Klassen- und Parteienkampfes, Wiederherstellung fragloser Autorität, Beseitigung der Arbeitslosigkeit, Restituierung der wilhelminischen Weltmachtpolitik und eine zentrale Stellung der Reichswehr über den Parteien verspricht. Die Machtergreifung 1933 erscheint ihm der "erste große Lichtblick seit 1918".

Becks Verhältnis zu Hitler bleibt – bei aller persönlichen Reserviertheit – bis zur Verabschiedung 1938 eindeutig loyal. Selbst der zunächst als unzumutbar abgelehnte Eid nach Hindenburgs Tod bindet ihn unbedingt an das Staatsoberhaupt – wenn auch nicht an den Parteiführer Hitler. Diese Haltung wird dadurch erleichtert, daß Beck wie auch Seeckt, Stresemann und Brüning die Lage des Reiches für ernstlich bedroht bzw. auf die Dauer für unerträglich hält, also in Übereinstimmung mit Hitler eine Revision des Versailler Vertrages und eine Wiederaufrüstung anstrebt. Die Radikalität und Vermessenheit Hitlerscher Expansionspolitik hat er lange nicht erkannt.

Gegenüber der nationalsozialistischen Ideologie hegt Beck keine grundsätzlichen Bedenken. Für die Brutalitäten und Rechtsbrüche des Systems macht er andere, nicht Hitler, verantwortlich und hält sich selbst für unzuständig, gegen sie aufzutreten oder gar einzuschreiten. Nur dort, wo das Heer direkt oder indirekt involviert wird, bezieht er klare Stellung: 1934 gegen Röhm, der die Reichswehr kontrollieren bzw. durch die SA ersetzen will, gegen die anschließende "Säuberungsaktion" jedoch nur in soweit, wie Schleicher und Bredow ihr zum Opfer fallen. Mit Verve tritt er 1938 für die Rehabilitierung des Freiherrn von Fritsch gegen die Machenschaften Hitlers und Görings ein bzw. für den inhaftierten Pastor Niemöller als den hervorragenden U-Boot-Kommandanten des ersten Weltkrieges. In keinem Fall wird die politische Dimension der Ereignisse erkannt und infolgedessen der Kampf auf Nebenkriegsschauplätzen mit ungenügenden Mitteln geführt. Groteske Züge erreicht dieser Mangel an politischem Gespür, als Hitler 1938 nach dem Oberbefehl mit all seinen organisatorischen und personalpolitischen Folgen greift. Während Hitler und seine Gehilfen aus Partei, SS und Bendler-Straße vollendete Tatsachen schaffen, verzehrt sich Beck unter erheblicher Selbstgefährdung für die Ehrenrettung von Fritsch.

Auch Becks Einsprüche gegen die Remilitarisierung des Rheinlandes, gegen stärkere militärische Hilfeleistung in Spanien, gegen den Einmarsch nach Österreich, gegen bestimmte Aufrüstungsmaßnahmen und gegen Einmarschvorbereitungen in die Tschechoslowakei entspringen nicht einer prinzipiellen Ablehnung Hitlerscher Gewaltpolitik. Beck hält die internationale Situation für derartig provozierende Schritte noch nicht für gekommen und dringt daher auf behutsameres Vorgehen.

Erst der unabänderliche Entschluß Hitlers, gegen den Rat des Generalstabes bei nächster günstiger Gelegenheit die Tschechoslowakei zu überfallen, treibt Beck in die Opposition. Er sieht sowohl den Einfluß des Heeres wie der konservativen Kräfte überhaupt, als auch das Schicksal Deutschlands und damit Europas aufs ernsteste gefährdet. Als Hitler „eine gewaltsame Lösung der sudetendeutschen Frage durch Einmarsch in die Tschechei für unabwendbar hält", schlägt Beck Brauchitsch daher vor, die Generale müßten geschlossen zurücktreten. In seiner Denkschrift steht dann der klassische Satz: "Die Geschichte wird diese Führer mit einer Blutschuld belasten, wenn sie nicht nach ihrem fachlichen und staatspolitischen Wissen und Gewissen handeln. Ihr soldatischer Gehorsam hat dort eine Grenze, wo ihr Wissen, ihr Gewissen und ihre Verantwortung die Ausführung eines Befehls verbieten".

Schon bald geht Beck noch einen Schritt weiter: er schlägt Brauchitsch Eingriffe – notfalls mit Waffengewalt – in den zivilen Bereich vor, die der Wiederherstellung rechtsstaatlicher Zustände und der Befreiung "von dem Albdruck einer Tscheka und den Erscheinungen eines Bonzentums" dienen sollen. Tragisch bleibt auch hier das irreale Vertrauen auf die Solidarität der Generale und des Generalstabs, aber auch die Illusion, man könne mit und für Hitler den Nationalsozialismus reformieren. Wie wenig Beck in diesem Augenblick zu einem notwendig gewordenen revolutionären Akt fähig war, zeigt sein Nachgeben gegenüber Hitlers Forderung, seine Verabschiedung als Chef des Generalstabes nicht zu veröffentlichen. Damit verlor sie ihren Signalcharakter nach innen wie außen.

Im Ruhestand wird Beck dann zur Zentralfigur des deutschen Widerstandes. Immer entschlossener überschreitet er die Grenze zum formaljuristischen Hoch- und Landesverrat, nachdem die legalen Versuche der Kriegsverhinderung gescheitert sind. Er sucht Verbindungen zum Ausland, vor allem zu England, um vor Gewaltaktionen Hitlers zu warnen und die Chancen für eine neue deutsche Regierung auszuloten; er bereitet den Umsturz und die Übernahme der Regierungsgewalt vor. Doch auch hier bildet sich sein Problembewußtsein erst langsam; es bleibt in tragischer Weise hinter der politischen Entwicklung zurück. Die ersten Denkschriften und Angebote ließen weder die Zustimmung Großbritanniens und Frankreichs erwarten – dafür ging die Forderung nach einer Bollwerkstellung Deutschlands gegen den Bolschewismus, d. h. nach den Grenzen von 1914 und der Eingliederung von Österreich und Sudetenland zu weit, noch konnten sie die politischen Kräfte der Mitte und Linken zur Kooperation anreizen – dafür waren Becks Vorstellungen in ihrer Ablehnung von Parlamentarismus wie Pluralismus zu elitär und alt-preußisch. Erst im weiteren Verlauf des Krieges, aber auch durch die intensiver werdenden Begegnungen mit den zivilen Mitgliedern des Widerstandes, insbesondere dem Kreisauer Kreis und den Sozialdemokraten, wird Beck vom Vertreter deutscher Großmachtstellung zum westeuropäischen Politiker, vom Verfechter preußischer Obrigkeits- und Elitestrukturen zum Anhänger begrenzter Sozialreformen, vom unbedingt loyalen und unpolitischen Soldaten zum Frondeur und Revolutionär. Inzwischen ist es aber vor allem außenpolitisch zu spät geworden. Die Casablanca-Erklärung der bedingungslosen Kapitulation versperrt den Weg für nennenswerte Konzessionen der Alliierten an eine deutsche Widerstandsregierung. Damit verliert der Aufruf zum Staatsstreich gegen Hitler beträchtlich an Wirkung.

Becks Wandel verdient allerhöchste Bewunderung. Er vollzieht sich in der Verantwortung, die Beck nicht einmal gesucht und die im Gegensatz zu seiner idealistischen, unpolitischen Grundhaltung steht. Er führt Beck in immer stärkeren Widerspruch zur überwiegenden Zahl seiner aktiven Kameraden. Der Schluß liegt nahe, daß ein Mann mit einem so hohen Maß an Pflichtgefühl und Mut, von solcher Konsequenz des Denkens und Beharrlichkeit des Tuns bei einem weniger vorgeprägten, politik-offeneren Werdegang die „Leere" von 1918 als positiven Ansporn für Engagement an das Neue empfunden, die NSDAP und ihren „Führer" schon vor der Machtergreifung als Gefahr erkannt und der Innen- und nicht der Außenpolitik den Primat eingeräumt hätte. So aber scheiterten alle Umsturzpläne Beck's, weil die Wirklichkeit seine gesellschaftlichen, staatlichen und internationalen Ausgangskonzepte längst überholt hatte. Zu spät bot der Widerstand eine überzeugende Alternative zu

Hitler, dessen umstürzlerische Aggressivität zunächst nicht erkannt worden war.

Das Buch ist wie wenig andere geeignet, gerade jungen Menschen Anstoß zu geben, sich politisch-pragmatisch zu engagieren. Das Beispiel Beck warnt vor Idealismus und Ideologien, die meist im Gestrigen wurzeln und zur Flucht vor der Wirklichkeit verlocken. Es warnt aber auch vor politischer Abstinenz. Becks subjektiv unpolitische Haltung hatte höchst politische Auswirkungen, schon indem sie die Gestaltung der Gegenwart den anderen überließ.

So sollte das Schicksal dieses Generals insbesondere die „Staatsbürger in Uniform" dazu herausfordern, über die Taktik nicht Strategie und Sicherheitspolitik und vor der Pflicht zu politischer Zurückhaltung als Vorgesetzte nicht die politischen Alltagspflichten als Staatsbürger zu vernachlässigen – vor allem sich aber des eminent politischen Charakters ihres dienstlichen Tuns und Lassens stets bewußt zu sein.

1983/1984
Bemerkungen zum Aufruf der Heilbronner Bewegung vom Dezember 1983

Gern folge ich der Bitte, mich zum Heilbronner Aufruf und den einleitenden Ausführungen des Herrn Grass zu äußern. Mir geht es darum, Bedenken gegenüber einigen Thesen anzumelden, die mir etwas verkürzt erscheinen. "Radikal" sollten wir nach meinem Demokratieverständnis vor allem in unserem selbstkritischen Streben nach sachlicher Information und in der Begründung unserer unterschiedlichen Positionen sein.

I. Zum "Widerstand"

Wer sich im Dritten Reich zum Widerstand gezwungen sah, weil es rechtsstaatliche Möglichkeiten zur Meinungsbildung und -äußerung nicht gab, wird diesen Aufruf mit Verwunderung lesen. In der Bundesrepublik "Widerstand üben" – was soll man sich darunter vorstellen? Die ungeheuren Belastungen und Risiken, die der Unrechtsstaat seinen Kritikern entgegenstellt, lassen sich nicht simulieren auch nicht die Verlorenheit, nicht das Ausgeliefertsein des einzelnen, nicht seine Ängste und nicht die Gefährdung seiner Umgebung, in die selbst unausgesprochene Widerstandsgedanken im totalitären Staat führen.

Es scheint angebracht, daran zu erinnern, daß nichts davon auf die Bundesrepublik zutrifft. Wir leben in einem freiheitlichen Rechtsstaat, in dem jeder Bürger in der Lage ist, seine Meinung ohne unzumutbares Risiko zu artikulieren. Diese endlich erreichte Demokratie ist jung und sicher nicht vollkommen; es gilt, sie zu festigen, sie konsequent und innovativ weiterzuentwickeln. Das ist anstrengend, oft frustrierend und für manchen weniger befriedigend, als sie durch weithin sichtbare Widerstandsübungen in Frage zu stellen. Aber die Anstrengung lohnt sich. Sie kann uns nämlich davor bewahren, wieder in eine Lage zu geraten, in der Widerstand tatsächlich zum letzten Ausweg wird.

Schon einmal in unserer jüngsten Geschichte besiegelte staatsbürgerliche Abstinenz, Ungeduld gegenüber demokratischen Verfahrensweisen, jungendbewegter Idealismus mit seinen Maximalforderungen im Verein mit antiwestlichem Kulturpessimismus das Schicksal einer deutschen Demokratie: der Weimarer Republik. Das mangelnde Engagement vieler Bürger für die Verfassung höhlte den Staat aus und schuf ein Vakuum, das der Nationalsozialismus mit seiner auf illusionäre und verbrecherische Ziele gerichteten Ideologie füllen konnte.

Daß ungeduldige Minderheiten die Regeln der Demokratie nur ungern akzeptieren, daß sie versucht sind, den "wahren" Mehrheitswillen durch Plebiszite, Fragebögen und Unterschriftensammlungen mit Suggestivfragen ans Licht zu bringen, ist nicht verwunderlich. Sie gewinnen am ehesten Gehör, wenn sie plakativ Teilfragen aus dem politischen Zusammenhang nehmen und einfachste Auswege anbieten. Doch bleibt auch das Echo partiell und temporär; es drückt vielleicht die jeweilige Stimmung, aber selten die Meinung der Gesellschaft aus. Was aber ist denn der Prüfstein der Demokratie, wenn nicht die Bereitschaft ihrer Bürger, den verfassungsgemäßen Mehrheitswillen zu respektieren? Nicht das "Widerstandlernen und -üben" ist es, das den Rückfall in totalitäre Barbarei verhindern kann; es ist die Identifizierung mit dem Grundgesetz, das Sich-mitverantwortlich-Fühlen und die tägliche Anwendung der in der Verfassung gesetzten Normen und der dort angebotenen Verfahrensweisen. Nur durch Partizipation läßt sich in einer Demokratie die Zukunft mitbestimmen. Die Väter des Grundgesetzes hatten schon gute Gründe, die repräsentative Demokratie wiedereinzuführen; Weimarer Republik und Drittes Reich hatten erwiesen, daß außerparlamentarische Prozeduren autoritäre Tendenzen begünstigen und dem demokratischen Parlamentarismus schaden.

In der deutschen Rechtstradition hat der Widerstand nur eine untergeordnete Rolle gespielt. Selbst das Grundgesetz statuiert ihn erst mit seiner Ergänzung von 1968. Hier stellt der Artikel 20, Absatz 4 allerdings eindeutig fest, daß dieses Recht nur gegenüber Menschen und Gruppen besteht, welche die demokratische Grundordnung beseitigen wollen, und nur für den Fall, daß andere Mittel als Widerstand d.h. als der Einsatz illegaler Mittel nicht möglich sind. Mit anderen Worten: das Recht auf Widerstand besteht nicht gegenüber angeblichen Fehlentscheidungen des Parlaments oder der Exekutive. Es gilt für den Fall eines Putsches von "oben" und außen sowie für verfassungswidrige Umsturzversuche von der Basis.

Häufig wird auch ein weitergehendes Recht auf Widerstand außerhalb der Verfassung und der bestehenden Rechtsordnung in Anspruch genommen, wie es sich insbesondere aus der christlichen Ethik über Jahrhunderte entwickelt hat. Verstößt ein Souverän gegen die fundamentalen Rechte des Volkes, so kann es Widerstand gegen ihn leisten. Zu diesen grundlegenden Anliegen aller Menschen gehört ohne Zweifel Frieden; wer gegen dieses Anrecht verstößt, löst auch das Recht auf Widerstand aus. Daher seien – so wird gegenwärtig argumentiert – "Widerstandshandlungen", die sich gegen die Stationierung von als bedrohlich empfundenen INF-Systemen richten, zwar illegal, jedoch sittlich gerechtfertigt, da sie einem höheren Ziel als der Rechtsbefolgung dienen: dem Frieden.

Moralische Wertungen des einzelnen können jedoch nicht zur allgemeinen Rechtfertigung für Gesetzesverletzungen erhoben werden; sie entbinden das Individuum nicht von der Pflicht zur Gesetzestreue. Andernfalls wäre eine verbindliche Ordnung für menschliches Zusammenleben nicht durchzusetzen. Desgleichen besteht für den Staat keine Pflicht, sein Verhalten am sittlichen Empfinden einzelner zu orientieren. Die Verfassung und die in ihr festgelegten Normen stecken den staatlichen Organen einen Handlungsspielraum ab, in dessen Rahmen Entscheidungen getroffen werden dürfen und müssen; diese können nicht immer die häufig spontane und unerschöpfliche Individualität aller Bürger einer pluralistischen Gesellschaft berücksichtigen.

Hinzu kommt, daß auch das überpositive Recht auf Widerstand an bestimmte Voraussetzungen geknüpft sein muß. In der Demokratie ist dabei die Identität von Herrscher und Beherrschten von besonderer Bedeutung. Denn Widerstand des Volkes gegen seinen Souverän heißt hier: Widerstand gegen die selbstgewählte Ordnung. Der Souverän übt also Widerstand gegen sich selbst. Dieses Paradoxon zeigt, daß die klassische Lehre vom Widerstandsrecht im demokratischen Verfassungsstaat nur begrenzt anwendbar bleibt. Hier dient der Widerstand dazu, die selbstbestimmte Herrschaftsordnung des Volkes zu schützen. Genau dieser Gedanke findet sich auch im Artikel 20, Abs. IV GG wieder, der den Bestand der verfassungsmäßigen Ordnung sichert und die Verantwortung für den Erhalt der demokratischen Institutionen mit auf das Volk überträgt. Überpositives Recht und das verfassungsrechtlich verankerte Widerstandsrecht decken sich hier also, auch in den tatbestandlichen Voraussetzungen, die das Grundgesetz in der beschriebenen Weise besonders eng eingegrenzt hat.

Ohne jeden Zweifel kann man über die Zweckmäßigkeit der Stationierung von Pershing II und Flugkörpern überhaupt über ihre Zahl, den Zeitpunkt und Raum ihrer Stationierung und andere damit verbundene Fragen sehr verschiedener Meinung sein. Das liegt bereits in der Sache selbst. Einführung wie Nicht-Stationierung bestimmter Waffen haben heute recht unterschiedliche Wirkung auf Ausbildung, Strukturierung, Logistik und Etat der Streitkräfte, auf die Militärstrategie wie die Rüstungssteuerung, aber auch auf Innen-, Bündnis-, Sicherheits- und Entspannungspolitik. Aus diesen Gründen wird man auch, selbst nach gewissenhafter Analyse zu unterschiedlichen Schlußfolgerungen gelangen. Das ist legitim; denn es gibt keinen verbindlichen Maßstab. Dem einen geht es in erster Linie um Verhütung eines jeden Krieges, dem andern um Schadensbegrenzung in einem doch irgendwann erwarteten kriegerischen Konfliktaustrag; der eine geht von der Innen-, der andere von der Bündnispolitik aus. Dabei wird jeder feststellen, daß sich die Ergebnisse je nach Ansatz der Analyse widersprechen: was taktisch angebracht erscheint, mag strategisch fragwürdig und rüstungssteuerlich sogar höchst bedenklich sein.

Politisch kontraproduktiv wird es erst, wenn die eigene Position verabsolutiert und Andersdenkenden der Friedenswille abgesprochen wird, wenn eine Seite glaubt, Moral und Gewissen gepachtet zu haben. Der Streit um die wirksamere Methode zur Kriegsverhütung und Friedenserhaltung kann nur im Bewußtsein der Komplexität sicherheitspolitischer Zusammenhänge und in Anerkennung des gesellschaftlichen Pluralismus mit verfassungsgemäßen Verfahren ausgetragen werden. Jede Dogmatisierung verhindert nicht nur den Dialog, sie enthebt auch der staatsbürgerlichen Pflicht, die oft rapiden Entwicklungen selbstkritisch zu verfolgen und das Urteil von gestern als Vorurteil von heute zu korrigieren.

Kein Parlamentarier oder Regierungsmitglied stimmte für das Festhalten am NATO-Doppelbeschluß, um auf diesem Wege die demokratische Ordnung zu beseitigen. Bei der begonnenen Stationierung handelt es sich auch nicht um eine Maßnahme, die dem Bündnis oder den USA eine die Sowjetunion gefährdende strategische Option eröffnet – ganz abgesehen davon, daß sie sich ausdrücklich im Rahmen der Kooperativen Rüstungssteuerung jederzeit korrigieren läßt. Gefährlich scheint mir dagegen die Dramatisierung und Emotionalisierung der Debatte, die durch den Aufruf zum Widerstand eine neue Zuspitzung erfuhr. Derartige Aktionen behindern die Sachdiskussion durch Überhöhen militärischer Fakten und lenken von der Konzentration auf die vorrangige politische Frage ab, wie sich – trotz aller bestehenden Konflikte dennoch belastbare friedlichere Beziehungen im Norden entwickeln lassen.

II.   Zum "verfassungswidrigen" Offensiv-Konzept

Das Grundgesetz weist der Bundeswehr als Hauptaufgabe Verteidigung zu; das entspricht dem klaren Verbot der Vorbereitung jedes Angriffskrieges. Mit "Verteidigung" kann nicht ihre strategische, operative oder taktische Dimension gemeint sein, sondern nur die politische und völkerrechtliche. Andere Gesichtspunkte wären in einer Verfassung fehl am Platze.

Die Bundesrepublik wurde seinerzeit aus recht unterschiedlichen Gründen in die NATO aufgenommen: zur Verstärkung des westeuropäischen Verteidigungsbeitrags und zu ihrem eigenen Schutz in besonders exponierter Lage, aber auch zu ihrer politischen Kontrolle durch die Verbündeten. Darin drückt sich die Sorge aus, die selbst ein geteiltes, aber unabhängiges Deutschland im Westen wie wohl auch im Osten bereitet. Ursachen dafür sind historische Erfahrungen, unsere demographische wie wirtschaftliche Stärke und nicht zuletzt die Teilung selbst.

Die NATO vereint als kollektives Verteidigungsbündnis 16 Staaten unterschiedlicher Bedeutung, andersartiger geostrategischer Lage und heterogener Interessen. Das einigende Moment heißt:

Kriegsverhütung in Europa. Über die Bedeutung der Rüstungssteuerung und der Entspannungspolitik, die durch den Harmel-Bericht von 1967 ebenfalls zur Bündnisaufgabe wurden, besteht allerdings zurzeit nur bedingter Konsens.

Die geltende Militärstrategie entspricht den Bedingungen des Kernwaffenzeitalters sowie dem politischen Charakter des Bündnisses. Die "Flexible Response" ist eine konsequente Kriegsverhütungsstrategie. Im Gegensatz zur klassischen Verteidigung ist sie nicht auf Sieg ausgerichtet. Ihre politische Logik diktiert vielmehr ständige Bereitschaft zur De-Eskalation, sobald der Aggressor den status quo ante wieder anerkennt. Militärische Reaktionen auf einen Angriff wären bis ins einzelne politisch kontrolliert und stets der Art wie Intensität der Offensive angemessen. Dieses Prinzip veranschaulicht das sorgsam entwickelte Einsatzverfahren für Kernwaffen. Ihre Freigabe geschieht – von den französischen Systemen einmal abgesehen – auf Antrag des militärischen Oberbefehlshabers erst nach Konsultation mit allen verbündeten Regierungen, durch den amerikanischen Präsidenten. Daß dieser seine Entscheidung gegen den Rat der Mehrzahl bzw. gegen die Warnung der direkt beteiligten Regierungen treffen sollte, ist bündnispolitisch im höchsten Maße unwahrscheinlich und widerspräche im Zweifelsfall dem ureigensten amerikanischen Interesse. Dieser Gesichtspunkt sollte im Streit um die Pershing-Stationierung ebensowenig außer Betracht gelassen werden wie die Tatsache, daß das Bündnis mehr als ein Zweierbund zwischen der Weltmacht USA und der Mittelmacht Bundesrepublik ist.

Zurzeit steht manche Kernfrage der Bündnispolitik, der Militärstrategien und der Bewaffnung zu Diskussion: nicht nur in der Bundesrepublik, sondern auch in den USA. Dabei werden allenthalben – und nicht nur in Washington – Vorschläge laut, die manchem gefährlich und sachfremd erscheinen. Doch sollten auch abweichende Gedanken zunächst einmal unter dem Gesichtspunkt betrachtet werden, ob die Autoren damit nicht doch Positives beabsichtigen wie Erhöhung der Abschreckung bzw. Begrenzung der Schäden. Hinter jedem befremdlichen Konzept kriegerische Absichten zu wittern, wäre allzu billig.

Angesichts der Verwundbarkeit moderner Industriegesellschaften und der Zerstörungskraft heutiger Waffen, für welche die nuklearen nur ein Symbol sind, kann davon ausgegangen werden, daß unter den derzeitigen und mittelfristig voraussehbaren militärstrategischen Gegebenheiten im Norden kein Verantwortlicher ernstlich an kriegerischen Konfliktaustrag denkt. Mancher schrille Ton aus dem Kreml wie dem Weißen Haus läßt sich nur mit besorgniserregenden internen Instabilitäten erklären, die in bemerkenswertem Gegensatz zur strategischen Stabilität stehen. Sollte trotzdem das denkbar Unwahrscheinliche eintreten, so wäre niemand existentieller an der Verhütung der Eskalation in nukleare Intensitäten interessiert als die beiden Weltmächte. Ein konventioneller Krieg mag sich, was seine geographische Dimension betrifft, noch begrenzen lassen, ein nuklearer mit Sicherheit nicht. Unter diesem Gesichtspunkt war die Sorge de Gaulles, Washington werde seine Kernwaffen überhaupt nicht oder für Europa zu spät einsetzen, wirklichkeitsnäher als die Angst vor Plänen, einen begrenzten Nuklearkrieg in Europa zu führen. Die alten Zweifel, ob die USA bereit sind, Washington für Bonn oder Detroit für Hamburg zu opfern, sind noch immer akut und weithin einleuchtender als die Erwartung eines mehr oder minder beabsichtigten Kernwaffenkrieges zwischen Ural und Biskaya. Auch fällt es leichter, sich Szenarien vorzustellen, in denen nicht alle NATO-Verbündeten einem Angegriffenen entschlossen und rechtzeitig mit militärischen Mitteln beistehen, als solche, in denen etwa alle 16 Regierungen von sich aus einen Angriffskrieg befürworteten und begännen. Jedes Grenzüberschreiten selbst taktischer Art würde auch im Kriege auf ernste Bedenken in den meisten Hauptstädten stoßen.

Wie dem auch sei, die Pershing II wäre ein denkbar ungeeignetes System für begrenzte Kriegsformen. Ihr Einsatz gegen Ziele auf sowjetischem Territorium muß nach allen Regeln der Abschreckung und erst recht nach sowjetischem Weltmachtverständnis fast automatisch entsprechende Angriffe auf die Vereinigten Staaten auslösen, also den "general nuclear war" einleiten, den nun wirklich niemand will.

Wirklichkeitsfern ist auch der Begriff "Erstschlagwaffen"; er setzt technologische Daten mit strategischer Bedeutung gleich; er überhöht einzelne Systeme zu Potentialen und verschweigt die automatischen Gegenwirkungen. Das "Recht auf den atomaren Erst-Schlag" hat bisher kein Staat oder Bündnis beansprucht. Das Risiko wäre – von den politischen wie ökologischen Folgen einmal abgesehen – nur tragbar, wenn der Initiator die Gewißheit hätte, alle Kernwaffenträger der Gegenseite – ob Silos, Flugzeuge, Schiffe oder U-Boote – zerstören zu können, bevor ihre Gefechtsköpfe abgeschossen wurden. Die NATO droht übrigens nur mit "Erst-*Einsatz*" von Kernwaffen, und dies erst für den Fall, daß ihre konventionellen Kräfte nicht mehr hinreichen sollten, die Aggression der WTO auf zuhalten. Es geht hier also zu allererst um Abschreckung.

Auch Schlagworte wie "Offensivwaffen" oder "Enthauptungsstrategie" sind wenig hilfreich. "Offensiv" oder "defensiv" können die politischen oder militärstrategischen Konzepte sein, aber nicht ihre Instrumente; bisher ist es jedenfalls nicht gelungen, eine wissenschaftlich haltbare Definition für den "Charakter" von Waffen zu finden. Etwas anderes wäre es, in Rüstungssteuerungsabkommen kooperativ auf die Einführung von Systemen zu verzichten, die der anderen Seite besonders bedrohlich erscheinen, bzw. sie so zu stationieren, daß sie entscheidende Ziele nicht mehr erreichen können. Wer heute "enthaupten" wollte, ob es nun um die präemptive Zerstörung der politischen, militärischen und sonstigen Zentralen, aber auch wichtiger Systeme wie der Pershing II gehen soll, müßte dies bereits vor Spannungsbeginn, d.h. vor dem Anlaufen der gerade in der UdSSR offensichtlich besonders sorgfältig geplanten Evakuierungs- und Auflockerungsmaßnahmen tun. Auch müßte er mit dem "Zweitschlag" der zwar enthaupteten, aber weiter funktionsbereiten Systeme rechnen.

Wollte der Aufruf zum Widerstand etwa zum Austritt aus der NATO raten, wäre anzumerken, daß die Bundesrepublik dann mit Sicherheit jeden Einfluß auf die Bündnispolitik, wahrscheinlich auch die Sicherheitspartnerschaft mit der WTO einbüßte, die nur auf dem Boden einer Bündnissolidarität für den Osten interessant bleibt.

Der Austritt aus dem Bündnis, ja bereits aus der militärischen Integration, würde die multinationale Zusammensetzung der in der Bundesrepublik stationierten Kräfte auflösen. Damit verlöre nicht nur die Abschreckung beträchtlich an Glaubwürdigkeit, auch die Sorge vor westdeutschen Alleingängen erhielte wieder Nahrung und machte Europa alles andere als stabiler. Daß ein dritter Weltkrieg ein neutrales Deutschland nicht etwa verschonen würde, liegt auf der Hand und ebenfalls, daß es heute keine Kriege mehr gibt, in denen sich irgendetwas "verteidigen" ließe.

Es gibt vermutlich wenig Menschen in Ost wie West, welche die Ängste der Aufrufer nicht verstehen, ja teilen. Die kaum gesteuerte Rüstungsdynamik nimmt zumal im Zeichen der Rekonfrontation der Weltmächte ein immer erschreckenderes Tempo an. Genau diese Erkenntnis war auch das eigentliche Motiv für den NATO-Doppelbeschluß. Die westeuropäischen Verbündeten, insbesondere Bonn, wollten endlich auch die eurostrategischen Sy-steme zur Verhandlung gestellt sehen und das Entspannungsklima verbessern. Sie boten deshalb die Nicht-Produktion der Pershing II bei entsprechendem Abbau der SS 20 an. Weshalb dies bisher nicht gelang, ist nicht unser Thema. Eines aber scheint klar: diese prekäre internationale Frage wird sich schwerlich durch den Appell zu verstärkter Wehrdienstverweigerung in einem der 16 NATO-Länder aus der Welt schaffen lassen.

III. Zum "zielbewußten Widerstand" gegen die Bundeswehr

Zum ersten Mal in der deutschen Geschichte ist die Armee, d.h. die Bundeswehr, Teil der Exekutive, sind ihre Soldaten Angehörige des Öffentlichen Dienstes. Das Soldatengesetz verpflichtet sie, die demokratische Grundordnung, also das Grundgesetz, als verbindlich anzuerkennen. Die freiwillig Längerdienenden werden darüber hinaus verpflichtet, sich durch ihr gesamtes Verhalten für die Erhaltung dieser Ordnung einzusetzen. Sie sind also nicht ermächtigt, mit den Artikeln des Grundgesetzes selektiv umzugehen; für sie sind alle gleichermaßen bindend.

Der Heilbronner Aufruf zum Widerstand gegen die Bundeswehr gründet sich auf die Behauptung, ihr Auftrag werde durch die Stationierung verfassungswidrig; er richtet sich offenbar vor allem an Wehrpflichtige und Reservisten, trifft aber ebenso die dienenden Wehrpflichtigen und die Zeit- wie Berufssoldaten. Sie alle werden zu Verfassungsgegnern abgestempelt. Das läßt sich auch durch ein freundliches Hilfeangebot nicht verharmlosen. Eines steht fest: die Soldaten sind die falschen Adressaten; sie besitzen zwar das Stimmrecht wie jeder andere Staatsbürger, sind aber zu besonderer Verfassungstreue und Loyalität gegenüber den Verfassungs- und Staatsorganen verpflichtet. Wer meint, Bündnis und Regierung verlangten der Bundeswehr verfassungswidrige Funktionen ab, muß sich an die entsprechenden Organe wenden, die darüber zu befinden bzw. zu entscheiden haben. Ungehorsam sein bzw. Widerstand leisten kann der Soldat nur im grundgesetzlichen Notstand.

Fragt man nun nach der tatsächlichen – nicht der beabsichtigten – Wirkung derartiger Aufrufe, so kann die Antwort nur lauten: Desintegration bzw. Entfremdung der Soldaten aus der Gesellschaft. Jedenfalls werden hier Angehörige der Bundeswehr für "außerhalb der Legalität" erklärt, werden Barrikaden aufgerichtet zwischen ihnen und "radikalen Demokraten". Verstärkte sich – darüber hinaus – der Trend zur Wehrdienstverweigerung, entzöge dies der Bundeswehr den politisch wie funktional dringend notwendigen Pluralismus. Es werden Menschen vom Wehrdienst ferngehalten, die aus ihrer kritischen Sicht der Dinge wertvolle Beiträge für Zuverlässigkeit und Effizienz der Streitkräfte leisten könnten. Eine Neuauflage der Reichswehr aber sollten wir uns ersparen.

IV. Schlußbemerkung

Ich habe keinerlei Anlaß, an der Ernsthaftigkeit der Motive zu zweifeln, welche die Unterzeichner zu dem Aufruf bewegen. Auch halte ich Gewissensappelle für legitim und in bestimmten Situationen sogar für unerläßlich. Hier wäre aber daran zu erinnern, daß sich das Gewissen von Wissen herleitet. Zur Stützung des Gewissens gehört neben hinreichender Kenntnis der Problematik und der dazugehörigen Fakten ihre betont faire Darlegung, die den Adressaten eine eigene Urteilsbildung ermöglicht.

Ohne Frage sind Friedlosigkeit und Überrüstung "Zeichen vom Zustand der Menschheit". Mir würde es daher einleuchtender erscheinen, zum "Frieden lernen und zur Übung in Konfliktfähigkeit" aufzurufen, als der Voraussetzung für gesellschaftliche und zwischenstaatliche Verhältnisse, die den Gewaltverzicht zumutbar sogar opportun erscheinen lassen.

1984
Zum Widerstand / Ohne den Widerstand wäre der Neubeginn unmöglich gewesen
Vortrag anlässlich des 40. Jahrestages in Helmstedt mit Vorabdruck in der Frankfurter Rundschau vom 19.7.1984

Der 20. Juli ist ein Datum, das zu kritischer Selbstbesinnung, zum Nachdenken über ein ebenso lehrreiches wie bewegendes Ereignis europäischer Zeitgeschichte auffordert. Kein deutscher Demokrat kann sich dem entziehen. Für diejenigen, welche dem Widerstand nahestanden bzw. die damaligen Akteure kannten und auf die eine oder andere Weise davonkamen, hat dieser Gedenktag nichts von seiner mahnenden Aktualität eingebüßt.

Doch lassen sich jenseits der schweigenden Masse auch andere Stimmen vernehmen. Sie wollen die Bedeutung des Widerstandes gegen Hitler, insbesondere die des 20. Juli nicht anerkennen oder verurteilen ihn gar. Sie begründen ihre Ablehnung mit einer Reihe von halbwahren und widersprüchlichen Argumenten: das Attentat sei laienhaft geplant und daher gescheitert; Deutschland sei durch das Attentat nicht vom Nationalsozialismus befreit, der Krieg nicht beendet worden; die Menschenverluste und Zerstörungen hätten in den folgenden Kriegsmonaten eher zu- als abgenommen. Manche sprechen sogar von einem „zweiten Dolchstoss", von „Hochverrat" in höchster Gefährdung des Vaterlandes oder unterstellen, es sei diesen "Reaktionären", insbesondere den Offizieren unter ihnen, nur darum gegangen, den Eroberungskrieg fachmännischer als der Laie Hitler zum Endsieg zu führen.

Solchen Behauptungen ist die Überzeugung – ich möchte sogar sagen die Gewißheit entgegenzuhalten, daß ohne die Zeichen, welche die Frauen und Männer des Widerstandes zwischen 1933 und 1945 setzten, ein moralischer und politischer Neubeginn nach 1947 nicht denkbar wäre. Die besondere Bedeutung dieses Aufstandes der Gewissen liegt gerade in seiner Unabhängigkeit vom Erfolg, liegt in seinem Fanal-Charakter für eine menschlichere Zukunft und nicht zuletzt in seiner vorausgeahnten Aussichtslosigkeit. Um es sehr persönlich zu sagen: ohne den Widerstand hätte ich sehr gezögert, in die Bundesrepublik zurückzukehren; ohne die starke Beteiligung der Offiziere am Widerstand hätte ich mit Sicherheit keine Uniform mehr anziehen oder mich gar am Aufbau der Bundeswehr beteiligen können. Erst der Widerstand schuf legitime Voraussetzungen, an die beim Neubeginn anzuknüpfen sich lohnte. Er verpflichtete dazu, über bloße Restauration hinaus neue Wege einzuschlagen.

Ich möchte zunächst etwas zur Vorgeschichte des Widerstandes ausführen, dann seine Umwelt beleuchten und auf den Pluralismus seiner Mitglieder deuten, um mit einigen Folgerungen zu schließen.

Zur Vorgeschichte

Die Tragödie des Widerstandes und damit des deutschen Volkes, ja Europas, war es, daß sich das NS-Regime nach einmal erfolgter „Machtergreifung" nur noch von außen stürzen liess. Es scheint daher notwendig, sich heute vor allem mit der Vorgeschichte, also der Zeit zwischen 1919 und 1933 zu beschäftigen. Dort kann man erwarten, Hinweise auf die Voraussetzungen und Methoden des Aufstiegs Hitlers und seiner Gefolgschaft zu erhalten und Anhalte dafür, wie sich derartige Rückfälle in politische Barbarei vermeiden lassen. "D-days" sind im Kernwaffenzeitalter kaum mehr zu erwarten; es hilft nur noch konsequente Prävention.

Die Weimarer Republik war die erste Demokratie in Deutschland: ihre Gewaltenteilung war konsequent, der gesellschaftliche Pluralismus – zumindest in der Verfassung – gesichert, Menschenwürde und Bürgerrecht gesetzlich geschützt. Doch gerade dieser fortschrittliche Aspekt war es, der von erschreckend vielen Bürgern als Destabilisierung wahrgenommen wurde; sie empfanden Unsicherheit, auch Unbehagen und sehnten sich nach den weniger komplizierten Entscheidungsprozessen des Obrigkeitsstaates zurück bzw. suchten nach illusionären Vereinfachungen und Patentlösungen. Sie waren nicht erpicht auf ihre staatsbürgerliche Mitverantwortung und offensichtlich ungenügend darauf vorbereitet; sie flohen vor ihr ins verantwortungslose Abseits. Die mit zunehmender wirtschaftlicher Not immer stärker hervortretenden gesellschaftlichen Konflikte wurden verteufelt, die politischen Auseinandersetzungen zwischen und innerhalb der Parteien als „Geschwätz" verachtet, das Parlament zur „Schwatzbude" erklärt.

Diese Entwicklung wurde von außen durch die Bestimmungen des Versailler Vertrages und die spätere Weltwirtschaftskrise noch gefördert. Der Vertrag hatte wie auch seine Parallelabschlüsse mit den anderen vier Kriegsverlierern einschneidend in die Souveränitätsrechte eingegriffen. Er bedeutete das Ende der Welt- und Kolonialmachtstellung Deutschlands und veränderte dessen Grenzen zugunsten der Nachbarstaaten beträchtlich; Millionen Deutscher gerieten unter fremde Herrschaft. Hinzu kamen horrende, in ihrer endgültigen Höhe nicht einmal absehbare Reparationsforderungen, die den Wiederaufbau der Wirtschaft außerordentlich hemmten.

Das erzwungene Einverständnis alleiniger Kriegsschuld belastete die junge Republik und die sie tragenden Parteien in besonderem Maße. Auf diesen Vertragsartikel hatten die Siegermächte bestanden, um gewisse Strafbestimmungen und andere Forderungen zu rechtfertigen, deren völkerrechtliche Gültigkeit umstritten war. Auch die einseitigen Rüstungsbegrenzungen, die dem Deutschen Reich nur ein Berufsheer von 100 000 Mann mit eingeschränkter Bewaffnung zugestanden, also eine Mobilmachung ausschlossen, erregten weite Teile der Bevölkerung. Viele fühlten sich entwürdigt und durch die kräftig weiterrüstenden Nachbarn in ihrer Existenz bedroht bzw. von den eigenen „Erfüllungspolitikern" im Stich gelassen; die hatten den "Schandvertrag" unterschrieben und bemühten sich obendrein, den unerträglichen Verpflichtungen dieses „Schmachfriedens" nachzukommen. Vergessen war, daß die Mehrheit der Nationalversammlung nur mit größten Bedenken für die Unterzeichnung gestimmt hatte. Auch die Alternative zur Annahme des Vertrages: Besetzung durch die Ententestaaten und Teilung wurde geflissentlich verdrängt. Innenpolitisch trennte die „Dolchstosslegende" die Rechten von der demokratischen Mitte und Linken. Ihr zufolge war die kaiserliche Armee nicht etwa in jahrelangen Kämpfen durch eine Übermacht besiegt worden; es waren die „Novemberverbrecher", welche die Soldaten verräterisch im Stich gelassen hatten.

So waren es nicht nur linke und rechte Flügelgruppen, sondern auch weite Teile des Bürgertums und bestimmte Gruppen der Arbeiterschaft, die sich aus unterschiedlichen Motiven und mit widersprüchlichen Zielsetzungen der Republik versagten. Als besonders anfällig für die Verlockungen ungeduldig-idealistischer, aber auch skrupellos-machthungriger Parolen erwies sich die Kriegsgeneration. Sie hatte den August 1914 als Erlösung aus frustrierend bürgerlichem Alltag begrüßt und stand den Anforderungen der harten Nachkriegswirklichkeit nicht nur mit Abscheu, sondern auch hilflos gegenüber. Sie pflegte das neo-romantische Erbe der Jugendbewegung und gefiel sich in totaler Kritik am westlich bestimmten Industriezeitalter. Die einzigartigen geistigen und kulturellen Leistungen dieser Epoche wurden pauschal als dekadent, undeutsch und am Ende als "jüdisch vergiftet" verdammt. Man rief nach Führertum und Rassenreinheit.

Am unbegreiflichsten nach den vier Kriegsjahren war die Renaissance eines Bellizismus, der den Krieg trotz der hohen Verluste des Weltkrieg I – unter insgesamt 10 Millionen Toten waren fast 2 Millionen Deutsche – noch immer als Motor für den Fortschritt, als Herausforderung für männliche Tugenden und als Mittel zur Erfüllung der weltgeschichtlichen Sendung der Deutschen postulierte. Durch die späten Nachfahren von Clausewitz war in teutonischem Perfektionismus der Theoriebegriff des „absoluten" in ein Konzept des "totalen" Krieges verzerrt worden. Clausewitz selbst hatte sein Modell jedoch nur zur Ableitung einiger zentraler Grundsätze, ja zur Warnung vor totaler, d.h. unpolitischer Kriegführung entworfen; für ihn gab es nicht den leisesten Zweifel daran, daß die Politik die höchste Autorität sei, daß der Staat den Krieg notfalls und im Interesse des Friedens als Instrument seiner Politik führe und daß Sieg lediglich eine taktische Größe bleiben müsse. Für Ludendorff und Hitler dagegen diente, aus der ideé fixe absoluter Feindschaft, die gesamte Politik dem Kriege, wurde die Nation zum Subjekt und Objekt der Kriegführung.

Die Exekutive der Weimarer Republik hielt sich, dem allgemeinen Trend entsprechend, in eigentlich traditionswidriger Distanz zu Verfassung und Staat. Am deutlichsten zeigte sich dieser Rückzug bei der Reichswehr, die als "Staat im Staat" eine abstrakte Reichsideologie pflegte. Anstelle eindeutiger Loyalität gegenüber der geltenden Verfassung und ihren Organen herrschte ein unverbindliches, formales Dienstethos, das die verpflichtende Identifizierung mit dem konkreten Souverän bewußt vermied. Die Übernahme der Traditionen von Regimentern aller Art, auch wenn sie als Schutztruppe in den früheren Kolonien oder in Garnisonen außerhalb des Territoriums der Weimarer Republik gestanden hatten bzw. Waffengattungen angehörten, die der Reichswehr laut Versailler Vertrag verboten waren, begünstigten eine enge Komplizenschaft mit Kreisen, die in gespanntem Verhältnis zu Staat und Regierung standen. Zu alledem rekrutierte sich das Berufsheer aus ganz bestimmten Gesellschaftsschichten, die eher demokratiefeindlich, zumindest demokratiefern dachten. Symptomatisch für das Selbstverständnis der Reichswehr und ihr Verhältnis zur politischen Umwelt war die schwarz-weiß-rote Reichskriegsflagge; sie demonstrierte ganz unverblümt den betonten Gegensatz zum Schwarz-Rot-Gold der Republik.

Ein so weit reichendes Defizit an persönlichem Engagement außerhalb der beruflichen und privaten Sphäre liess insgesamt ein politisches Vakuum entstehen, das den Nationalsozialismus zwar nicht schuf, aber seine Ausbreitung sehr begünstigte. Es sollte sich bald zeigen, wie hilflos politisch Wurzellose den primitiv-raffinierten Verlockungen und den konkret-massiven Drohungen gegenüberstanden. Die bewußt unpräzisen, hohlen und gefühlsbetonten Postulate der Parteiideologie und ihrer Propagandisten sprachen die ureigensten Ängste und Sehnsüchte der Unzufriedenen wie Verzweifelten an; jeden schien die Erfüllung seiner Wunschträume zuverlässig bestätigt. Gerade die Ratlosen fühlten sich durch die ideologische und intellektuelle Primitivität dieses Religionsersatzes angesprochen; sie glaubten hier endlich Halt, Führung und Gemeinschaft zu finden.

Hinzu kam die zunehmende Macht der Partei und ihre augenscheinliche Attraktivität für die Umwelt. Mitschwimmen in Strom der Bewegung wurde nicht nur opportun, sondern „zwingend". Wer sich dem Sog entzog, vereinsamte. Die Erfahrung, bei

„Gemeinschaftsempfängen" in Schulen, Betrieben oder Lokalen offenbar der einzige zu sein, der das hysterische Gebrüll des „Führers" mit Widerwillen und Grauen anhörte, konnte Gänsehaut erzeugen. Wer seine Miene nicht in der Gewalt hatte, geriet in Gefahr. Nur im vertrauten Kreise und am besten beim unbeobachteten Spaziergang war es ratsam, seine wahre Meinung preiszugeben.

Zur Umwelt des Widerstandes

Die erste deutsche Republik wie auch das Dritte Reich entstanden und existierten in einer Epoche des übersteigerten Nationalismus. Die Nation war für viele – nicht nur Deutsche – zum Inbegriff letzter Werte, zur höchsten Instanz geworden. Hieran ging Weimar zugrunde und letztlich auch der NS-Staat, nachdem er zunächst gehörig von der absoluten Nationalstaatsidee profitiert und sie allmählich zur Ideologie der Volksgemeinschaft und germanischen Heldentums pervertiert und ad absurdum geführt hatte. Doch auch erklärte Gegner des Regimes vermochten sich dem Ungeist der Zeit nicht zu entziehen. So mancher, der Hitler verabscheute und den verbrecherischen Charakter seiner Politik erkannte, konnte sich zum aktiven Widerstand – zumindest im Kriege – nicht entschliessen; sein Verständnis von Vaterlandsliebe verbot es ihm. Erst nach den Sieg über die äußeren Gegner, so beruhigten sich viele, würde man mit dem eigenen System abrechnen; sie übersahen dabei, daß ein siegreicher Hitler mit Sicherheit nicht mehr zu stürzen wäre.

Diese zögerliche Haltung wurde durch die unversöhnliche Politik unserer Gegner bestärkt. Sie waren nicht gesonnen, ein Deutschland unter demokratischer Regierung anders zu behandeln als das NS-System. Die spätere Forderung nach „unconditional surrender" bestätigte dies nochmals. So hätte ein Sturz Hitlers mit all seinen Risiken die Friedensbedingungen nicht verbessert. Auch außerhalb Deutschlands waren die Regierungen augenscheinlich in nationalistischen Denkkategorien befangen. Das kam auch später in der Behandlung kriegsgefangener Anhänger des Widerstandes zum Ausdruck bzw. in offiziellen Stellungnahmen fast aller Besatzungsmächte zu diesem Problem. Deutschland war und blieb eben Deutschland und damit die Hauptgefahrenquelle in Mitteleuropa.

Erst neue Gefahren und der Bedeutungsverlust der Nationalstaaten machten frei für andere Perspektiven.

Wenn vorher auf die Vereinsamung der Kritischen in einer übersolidarisierten „Volksgemeinschaft" hingewiesen wurde, so muß hier noch ihre Schutzlosigkeit erwähnt werden, deren Grad für den Bürger eines Rechtstaates selbst eines nicht immer perfekt funktionierenden schwer vorstellbar ist. Wer einmal durch eine noch so nichtige Kritik am System bzw. seinen Repräsentanten verdächtig geworden war, wer nur einen besorgten Zweifel geäußert hatte oder für eine persona ingrata eingetreten war – d.h. sich ganz normal verhalten hatte, lebte fortan in erheblicher Gefahr. Er mußte damit rechnen, eines nachts „abgeholt" zu werden, und auf unbestimmte Zeit in einem Gefängnis oder Lager zu verschwinden – ohne jede Verbindung zur Außenwelt. Ein Rechtsbeistand war ihm verwehrt; eine Presse, die sich solcher „Fälle" angenommen hätte, gab es nicht – geschweige denn eine wachsame Öffentlichkeit. Kehrte ein solch Unglücklicher zurück, war er ein Verfemter, ein Isolierter, den man besser mied, einer, der aus dem Teufelskreis, in den er geraten war, kaum wieder herauskam. Er blieb ein Gefährdeter. Erzählte er Vertrauten von seinen Erlebnissen, gefährdete er nicht nur sich selbst, sondern auch seine Zuhörer.

Es ist kennzeichnend sowohl für den totalitären Unrechtsstaat, wie auch für die Wirklichkeit des Widerstandes, daß nur noch außergewöhnlich Sensible und Gewissenhafte zu menschlich und politisch „normalem" Verhalten befähigt bleiben – nur Menschen, die sich die Kraft zutrauen, die voraussehbaren Konsequenzen für sich und die Ihren auf sich zu nehmen. Denn „Widerstand leisten" bedeutet nicht nur sich selbst, die eigene berufliche Zukunft, den eigenen Ruf, das eigene Leben einzusetzen, sondern auch das seiner Familie und seiner Freunde, auf deren Da-Sein ein Widerstandleistender, der sich zum Handeln entschließt, in höchstem Maße angewiesen ist.

Zur Breite des Widerstandes

Der Widerstand war keine spontane und keine geschlossene Bewegung. Er hatte sich weder an einem bestimmten aufrüttelnden Ereignis so viele es auch gegeben hätte, noch an einer gemeinsamen Erfahrung entzündet. Es gab weder allgemeinen Konsens über die politischen Ziele und das konkrete Vorgehen, noch eine gemeinsame Führung. Das lag am Charakter wie der Zusammensetzung des Widerstandes, aber ebenso sehr an der Übermacht wie der Penetranz des Systems. Im Kreis um den 20. Juli 1944 fanden sich Gewerkschaftler, Politiker und Soldaten mit konservativem, liberalem und sozialdemokratischem Hintergrund. Sie bildeten die wohl größte pluralistische Gruppe und bereiteten nicht nur den Sturz des NS-Regimes, sondern auch die Regierungsübernahme planmäßig vor. Doch gerade die Zahl der Teilnehmer und ihre Verschiedenartigkeit wie die Intensität und Präzision der Vorbereitungen steigerten das Risiko bis zur vorzeitigen Entdeckung.

Die Unerträglichkeit des Systems wurde den Einzelnen unter den verschiedensten Bedingungen zu unterschiedlichem Zeitpunkt und aus mannigfaltigen Motiven bewußt. Dies riet auch zu verschiedenem Verhalten. So sind die Grenzen zwischen dem aktivkonspiratorischen, also dem eigentlich politischen Widerstand, und der eher passiven Verweigerung und der weltanschaulich begründeten Ablehnung des Regimes fließend; es sind oft die Phasen individueller Entwicklung. Die Entscheidung für die eine oder andere Position hing nicht zuletzt von der Gruppe Gleichgesinnter ab, die den Einzelnen aufnahm bzw. sich um ihn bildete. In aller Regel waren es Symptome, an denen sich erste Sorgen und Zweifel entzündeten; sie eskalierten allmählich zum absoluten Gewissenskonflikt und schließlich zu vorbehaltloser Ablehnung eines Systems, dessen wahren Charakter seine Erscheinungsformen enthüllten. Man erkannte an ihnen, daß es sich nicht um Pannen, Anlaufschwierigkeiten und Versagen einzelner Staats- oder Parteiorgane handelte, sondern um systembedingte Willkür und Unmenschlichkeit. Diese Erkenntnis wuchs selten in einsamer Kammer; sie entwickelte sich – Gewissen hängt nun einmal untrennbar mit Wissen zusammen – im Austausch der Erfahrungen und Urteile.

Ein gutes Beispiel ist das Potsdamer Infanterieregiment 9, aus dessen Reihen eine ungewöhnlich hohe Zahl aktiver Widerständler hervorging. Sie alle wurzelten – obwohl recht unterschiedlicher Herkunft und verschiedenen Alters – in einer preußischen

Tradition der Rechtsstaatlichkeit und des gewissenhaften Gehorsams, der bewußt die politische Dimension mit einbezog. Unter den jüngeren Offizieren gab es manchen, der sein Studium aufgegeben hatte und in das Regiment emigriert war, um dort Schutz vor nationalsozialistischen Ansinnen und Drohungen zu finden.

Die Nähe zu Berlin ermöglichte guten Einblick in die Absichten und Verfahren des Regimes; es war nicht schwierig, Gleichgesinnte aus anderen Berufen heranzuziehen. So begannen sehr früh schon im Kasino regelmäßige intensive Gespräche über aktuelle Geschehnisse, ihren Hintergrund und mögliche Konsequenzen. Es wurde mit rücksichtsloser Offenheit diskutiert; dabei konnte man auch denjenigen voll vertrauen, welche die Zustände weniger kritisch beurteilten. Selbst politische Antipoden wie Henning von Tresckow und Schmundt versagten sich die gegenseitige Achtung nicht.

Im Rückblick lassen sich zwei Widerstandsgruppen unterscheiden: eine linke und eine rechte. Zur ersteren gehörten vor allem Gewerkschafter und Sozialdemokraten, aber auch die Juden. Sie waren nach persönlicher Geschichte und Herkommen zu Feinden des Systems vorherbestimmt. Für sie gab es von einer gewissen Prominenz an nur die Alternative: Untergrund, Emigration oder KZ. Die Kommunisten hatten zwischen 1930 und 1937, noch im Bündnis mit der NSDAP gegen die „Sozialfaschisten" der SPD gestanden; ihnen hatte man während des Hitler-Stalin-Paktes eine gewisse Schonzeit zugestanden; doch später wurden auch sie erbarmungslos verfolgt.

Die politisch rechtsorientierten Teile der Gesellschaft sahen sich vor schwierige Entscheidungen gestellt. Ihnen boten sich Aufstiegschancen und Teilhabe an der Macht. Getragen von einem Anti-Materialismus und Antikommunismussyndromen suchten viele nach einem Mittelweg zwischen Kapitalismus und Sozialismus. Spenglers „Preußischer Sozialismus" und Jüngers „Arbeiter" taten ihre Wirkung. Das NS-System war legal an die Macht gelangt; durch die Mitarbeit Hindenburgs erschien es doppelt legitimiert. Die Wehrlosigkeit dieser Kreise zeigte sich in erschreckender Weise am 30. Juni 1934. Hitler hatte nicht nur SA-Führer ermorden lassen; auch prominente Bürgerliche wie der Papen-Referent Edgar Jung, der Politiker von Kahr, sogar Ehepaar Schleicher und der General von Bredow waren unter den Opfern. Zwar gab es gewisse Unruhe und Empörung; doch nahmen es Reichswehr wie Kirchen und Parteien hin, daß Hitler sich anmaßte, allein zu bestimmen, was rechtens war. Vermutlich spielten hierbei das Luthertum mit seiner Zwei-Reiche-Theologie eine gewisse Rolle, aber auch ein säkularisiertes Preußentum, das keine Grenzen des Gehorsams und des Eides mehr kannte und sich an relativ guten historischen Erfahrungen mit der Obrigkeit orientierte.

Allmählich öffneten zunehmende Rechtsbrüche, Korruption und der sträfliche Dilettantismus aller Art manchem die Augen. Menschen in entsprechenden Positionen und mit zuverlässigen Verbindungen zur Exekutive begannen zu ahnen, daß Hitler auf einen Krieg zusteuerte, den er, wie sich herausstellte, ohne jede sittliche und rechtliche Hemmung zu führen entschlossen war.

Wer der Versuchung nachgibt, die Gruppen an recht subjektiven Maßstäben zu messen und in wertende Kategorien wie "kleiner und größerer", „besserer und schlechterer", „demokratischer und reaktionärer" Widerstand einzuteilen, wird der besonderen Problematik dieser Jahre in keiner Weise gerecht. Man ignoriert dabei, daß es Menschen aus fast allen politischen Lagern waren, die in meist aussichtsloser Lage ihre und ihrer Freunde Existenz wagten; sie waren getragen durch Überzeugungen, auf denen die Grundwerte unserer Verfassung basieren.

Der Pluralismus des Widerstandes beweist besser als alle Argumente, daß es sich hier nicht um eine revolutionäre oder konterrevolutionäre Bewegung handelte, die das herrschende System aus reinem Willen zur Macht oder aus ideologischer Motivation stürzen wollte. Es waren die Gewissenhaften, die sich der sittlichen, politischen und militärischen Katastrophe entgegenstemmten – eine Einheit ohne Einheitlichkeit! Was damals Teil ihrer Schwäche war, macht heute einen wesentlichen Teil ihrer positiven Wirkung aus.

Schlußbemerkung

Politische Katastrophen, wie sie sich in den zwanziger Jahren anbahnten und im Dritten Reich ihren Höhepunkt erreichten, pflegen sich nicht präzise zu wiederholen. Sie entspringen ganz bestimmten Situationen; ein zweiter Hitler steht wohl nicht vor der Tür.

Dennoch kann nicht übersehen werden, daß der Nationalsozialismus Nutznießer des allgemein menschlichen Unvermögens war, mit Konflikten zu leben, sich auf ihre humane und rationale Regelung, d.h. auf Gewaltverzicht einzulassen. Die Jahrtausende menschlicher Geschichte bieten viele Beispiele dafür, wie stark und verbreitet die Versuchung ist, im Interesse eines angeblich perfekten Friedens die „Friedensstörer" zu eliminieren und nach schnellen, eindeutigen und endgültigen Lösungen zu rufen.

Der Appell an unsere Konfliktfähigkeit wird nicht nachlassen. Im Gegenteil, in einer Welt rapider und tiefgreifender Veränderungen aller Lebensbedingungen nehmen die Konflikte an Zahl, Intensität und Ausstrahlung ebenso zu wie die Verwundbarkeit der Beteiligten und die Wirksamkeit ihrer Mittel. Die Überlebenschancen hängen also von der Konfliktfähigkeit der Menschheit ab. Friedensfähig ist nur noch derjenige, der seinem jeweiligen Konfliktgegner mit einem Minimum an Empathie als Gleichberechtigtem begegnet und die stets unbefriedigenden Regelungsprozesse als Konsequenz des Gewaltverzichtes akzeptiert. Diese Regel gilt für alle Ebenen menschlicher Existenz; denn über Krieg und Frieden, über das Zusammenleben nach verbindlichen Normen und Verfahrensweisen wird von allen mitbestimmt.

Um dem möglichen Rückfall in die Auswegslosigkeit einer Existenz unter totalitärer Herrschaft vorzubeugen, wäre zu überlegen:

- wie eine konsequente Erziehung zur Konfliktfähigkeit in Elternhäusern, Schulen und im Rahmen der Erwachsenenbildung gefördert werden kann. Dabei sollte es nicht nur um Vermittlung, sondern auch um ganz konkrete Einübung gehen.

- wie die politischen Parteien die Sorgen kleinerer gesellschaftlicher Gruppen ernst nehmen und sich rechtzeitig zu eigen machen könnten.

- wie oppositionelle Gruppen ohne konkrete Einflußchancen davon überzeugt werden können, wie gefährlich es wäre, in einen Rechtsstaat mit unendlich vielen Möglichkeiten zur Demonstration von Sorgen Widerstandscharakter für sich zu beanspruchen.

- wie bei der Suche nach Traditionen als Lebens- oder beruflicher Hilfe gerade der Widerstand in seiner Mannigfaltigkeit adäquate Vorbilder bietet.

Die Frauen und Männer des Widerstandes kämpften unter denkbar ungünstigen Bedingungen für Freiheit, Recht und Menschenwürde als Grundlagen und Kriterien tragfähiger menschlicher Beziehungen und staatsbürgerlicher Mitverantwortung. Es bleibt die ernste Frage an Überlebende und Nachgeborene, ob sie bereit sind, den Millionen Opfern in Widerstand und Krieg einen späten Sinn zu geben.

Quellen- und Literaturverzeichnis

1. Baudissin als Verfasser

Baudissin 1969, Wolf Graf von: Soldat für den Frieden. Entwürfe für eine zeitgemäße Bundeswehr. Hersg. von Peter v. Schubert. München 1969

Baudissin 1982, Wolf Graf von: Nie wieder Sieg! Programmatische Schriften 1951-1981. Hersg. von Cornelia Bührle und Claus von Rosen. München 1982

Baudissin 1994, Wolf Graf von: 23 Zeilen-Briefe 1943 – 1946. Major – P.O.W. Hamburg (Selbstverlag) 1994

Baudissin 2001, Wolf Graf von / Dagmar Gräfin zu Dohna: ... als wären wir nie Getrennt gewesen. Briefe 1941-1947. Herausgegeben mit einer Einführung von Elfriede Knoke. Bonn 2001

Baudissin 2006, Graf von: Als Mensch hinter den Waffen. Hersg. von Angelika Dörfler-Dierken. Göttingen 2006

Baudissin 2014, Grundwert Frieden in Politik – Strategie – Führung von Streitkräften. Hersg. von Claus von Rosen, Berlin 2014.

2. Andere Verfasser:

Abenheim, Donald: Bundeswehr und Tradition. Die Suche nach dem gültigen Erbe des deutschen Soldaten. Reihe: Beiträge zur Militärgeschichte Band 27. München 1989

Bald 1995, Detlef: Graf Baudissin und die Reform des deutschen Militärs. In: Linnenkamp, Hilmar/Dieter S. Lutz (Hrsg.): Innere Führung. Zum Gedenken an Wolf Graf von Baudissin. Reihe: Demokratie, Sicherheit, Frieden Band 94, Baden-Baden 1995, S. 19-53

Bald 1997a, Detlef und Andreas Prüfert (Hrsg.): Vom Krieg zur Militärreform. Zur Debatte um Leitbilder in Bundeswehr und Nationaler Volksarmee. Reihe: Militär und Sozialwissenschaften Band 20, Baden-Baden 1997

Bald 1997b, Detlef: Wegbereiter der Militärreform in den fünfziger Jahren: Wolf Graf von Baudissin und Günter Will. In: Detlef Bald und Andreas Prüfert (Hrsg.): Vom Krieg zur Militärreform. Zur Debatte um Leitbilder in Bundeswehr und Nationaler Volksarmee. Baden-Baden 1997, S. 57-74

Bald 2001, Detlef u.a. (Hrsg.): Mythos Wehrmacht. Nachkriegsdebatten und Traditionspflege, Berlin 2001

Bald 2002, Detlef, Andreas Prüfert (Hrsg.): Innere Führung. Ein Plädoyer für eine zweite Militärreform. Reihe: Forum Innere Führung Band 19, Baden-Baden 2002.

Bald 2014: Frieden im Bildungskonzept von Graf Baudissin. Zur Reform der militärischen Pädagogik. In: Till Kössler und Alexander J. Schwitanski (Hrsg.) Frieden lernen. Friedenspädagogik und Erziehung im 20. Jahrhundert. In: Beiträge zur Historischen Friedensforschung Band 20. Essen 2014, S. 233-249.

Baur, Tobias: Die Rezeption des 20. Juli 1944 in den Anfangsjahren der Bundeswehr (1955-1959). Diplomarbeit Jg. 1998. München [2001]

Baur, Tobias: Das ungeliebte Erbe. Ein Vergleich der zivilen und militärischen Rezeption des 20. Juli 1944 im Westdeutschland der Nachkriegszeit. Frankfurt, Berlin, Bern, Bruxelles, New York, Oxford, Wien (Diss) 2007

Brunner, Emil: Gerechtigkeit. Eine Lehre von den Grundgesetzen der Gesellschaftsordnung, Zürich 1943(1), 2002 (4)

Bundesministerium für Verteidigung 1957a, Führungsstab der Bundeswehr I 6 (Hrsg.): Handbuch Innere Führung. Hilfen zur Klärung der Begriffe. Bonn 1957

Bundesministerium für Verteidigung 1957b: ZDv 11/1. Leitsätze für die Erziehung des Soldaten. Bonn 1957

Bundesministerium der Verteidigung 1981 - Planungsstab (Hrsg.): Soldat und Gesellschaft. Die Diskussion des Bundesministers der Verteidigung mit Soldaten und Vertretern gesellschaftlicher Gruppen am 23. und 24. April 1981 in Bonn. Protokoll. Köln 1981

Bundesministerium der Verteidigung 1985 – Führungsstab der Streitkräfte I 3 (Hrsg.): Von Himmerod bis Andernach. Dokumente zur Entstehungsgeschichte der Bundeswehr. In Schriftenreihe Innere Führung, Beiheft 4/85. Bonn 1985

Ebeling 2002, Klaus, Seiffert, Anja, Senger, Rainer: Ethische Fundamente der Inneren Führung. Reihe: SOWI-Arbeitspapier Nr. 132. Strausberg 2002

Enzmann, Birgit (Hrsg.): Handbuch Politische Gewalt. Formen, Ursachen, Legitimation, Begrenzung. Wiesbaden 2013

Eggebrecht, Axel: Die zornigen alten Männer. Gedanken über Deutschland seit 1945. Hamburg 1979

Genschel, Dietrich: Wehrreform und Reaktion. Die Vorbereitung der Inneren Führung 1951 – 1956. Hamburg 1972

Gerhard, Wilfried (Hrsg.): Innere Führung – Dekonstruktion und Rekonstruktion. WIFIS – AKTUELL Nr. 28-29, Bremen 2002

Grimm, Siegfried: „… der Bundesrepublik treu zu dienen". Die geistige Rüstung der Bundeswehr. Düsseldorf (Diss.) 1970

Harder, Hans-Joachim und Norbert Wiggershaus (Hrsg.): Tradition und Reform in den Aufbaujahren der Bundeswehr. Reihe: Entwicklung deutscher militärischer Tradition Band 2. Herford und Bonn 1985

Hartmann, Uwe, Frank Richter, Claus von Rosen: Wolf Graf von Baudissin. In: Detlef Bald u.a. (Hersg.): Klassiker der Pädagogik im deutschen Militär. Reihe: Forum Innere Führung Band 5. Baden-Baden 1999, S. 210-226

Hundt, Ulrich A.: Zur Wirkungsgeschichte des Baudissinschen Konzeptes der Inneren Führung in der Bundeswehr: Das Beispiel Zentrum Innere Führung. In: Hilmar Linnenkamp u.a. Hrsg. 1995, S. 55-69

Hürten, Heinz: Widerstand gegen den Nationalsozialismus, in: Birgit Enzmann (Hrsg.): Handbuch Politische Gewalt. Formen, Ursachen, Legitimation, Begrenzung. Wiesbaden 2013, S. 97-115

Isensee, Josef: Widerstandsrecht im Grundgesetz, in: Birgit Enzmann (Hrsg.): Handbuch Politische Gewalt. Formen, Ursachen, Legitimation, Begrenzung. Wiesbaden 2013, S. 143-162

Klein, Paul u. Dieter Walz (Hrsg.): Der Widerstand gegen den Nationalsozialismus und seine Bedeutung für Gesellschaft und Bundeswehr heute. Reihe: Militär und Sozialwissenschaften Band 16. Baden-Baden 1995

Kodalle, Klaus-M. (Hrsg.): Tradition als Last? Legitimationsprobleme der Bundeswehr. Köln 1981

Kräft, David: Apriorität und Positität des Rechts nach Kant. Baden-Baden (Diss.) 2011

Kutz 1989, Martin: Historische Wurzeln und Historische Funktion des Konzeptes Innere Führung (1951 – 1961. In: Kurt Kister und Paul Klein (Hrsg.): Staatsbürger in Uniform – Wunschbild oder gelebte Realität? Reihe: Militär und Sozialwissenschaften Band 3. Baden-Baden 1989, S. 11-34

Kutz 1995, Martin: Reform als Weg aus der Katastrophe. In: Linnenkamp, Hilmar/Dieter S. Lutz (Hrsg.): Innere Führung. Zum Gedenken an Wolf Graf von Baudissin. Reihe: Demokratie, Sicherheit, Frieden Band 94, Baden-Baden 1995, S. 71-93

Kutz 2002, Martin: Historische und theoretische Grundlagen der Inneren Führung. In: Wilfried Gerhard (Hrsg.): Innere Führung – Dekonstruktion und Rekonstruktion. WIFIS – AKTUELL Nr. 28 – 29, Bremen 2002, S. 7-18

Libero, Loretana de: Transformation in Zeiten der Transformation: Zum Traditionsverständnis der Bundeswehr im frühen 21. Jahrhundert. Paderborn, München, Wien, Zürich 2006

Libero, Loretana de: Trentzsch, die Bundeswehr und das Attentat auf Hitler, in: Helmut R. Hammerich u.a. (Hrsg.): Militärische Aufbaugenerationen der Bundeswehr 1955 bis 1970. Ausgewählte Biographien. München 2011, S. 181-210

Linnenkamp, Hilmar/Dieter S. Lutz (Hrsg.): Innere Führung. Zum Gedenken an Wolf Graf von Baudissin. Reihe: Demokratie, Sicherheit, Frieden Band 94, Baden-Baden 1995

Paul, Wolfgang: Das Potsdamer Infanterie-Regiment 9 – 1918 – 1945. Preußische Tradition in Krieg und Frieden. Textband. Osnabrück 1985 (2. ergänzte und verbesserte Auflage)

Reuther, Thomas: Widerstand und Wehrmacht. Buch und DVD. Freiburg/Breisgau 2013

Rosen 1981b, Claus Frhr. von: Tradition als Last. Probleme mit dem Traditionsangebot der Gruppe Inneres Gefüge (1951 – 1958) im Leitbild „Staatsbürger in Uniform" für die Tradition der Bundeswehr. In: Klaus-M. Kodalle(Hrsg.): Tradition als Last? Legitimationsprobleme der Bundeswehr. Köln 1981, S. 167-181

Rosen 1982, Claus von: Wolf Graf von Baudissin zum 75. Geburtstag. In: Wolf Graf von Baudissin: Nie Wieder Sieg! Programmatische Schriften 1951 – 1981. München 1982, S. 7- 38

Rosen 1995a, Claus v.: Ost oder West – Gedanken zur deutscheuropäischen Schicksalsfrage. In: Linnenkamp, Hilmar/Dieter S. Lutz (Hrsg.): Innere Führung. Zum Gedenken an Wolf Graf von Baudissin. Reihe: Demokratie, Sicherheit, Frieden Band 94, Baden-Baden 1995, S. 109-119

Rosen 1995b, Claus Frhr. v.: Geistige Grundlagen in Werk und Wirken von Wolf Graf v. Baudissin. In: Führungsakademie der Bundeswehr (Hrsg.): Jahresschrift 1994/1995, Hamburg 1995, S. 49-60

Rosen 2004a, Claus v.: Frieden – Widerstand – Demokratie. Geistige und sittliche Gründe in Baudissins Konzeption Innere Führung. In: Martin Kutz (Hrsg.): Gesellschaft, Militär, Krieg und Frieden im Denken von Wolf Graf von Baudissin. Band 23 in Reihe: Forum Innere Führung, Baden-Baden 2004, S. 25-44

Rosen 2004b, Claus Frhr. von: Staatsbürger in Uniform in Baudissins Konzeption Innere Führung. In: Sven Bernhard Garais und Paul Klein (Hrsg.) Handbuch Militär und Sozialwissenschaft, 2. aktualisierte und erweiterte Auflage. Wiesbaden 2004/2006, S. 171-181

Rosen 2005, Claus von: Grundlagen für das Thema Frieden in Baudissins Werk, in: Sicherheit und Frieden (S+F) 4/2005, S.197-208

Speidel, Hans: Aus unserer Zeit. Erinnerungen. Berlin – Frankfurt – Wien 1977

Stein, Hans-Peter: Symbole und Zeremoniell in deutschen Streikräften vom 18. bis zum 20. Jahrhundert. Mit einem Beitrag von Hans-Martin Ottmer. Herford und Bonn 1984

Strölin, Karl: Verräter oder Patrioten. Der 20. Juli 1944 und das Recht auf Widerstand. Stuttgart 1952.

Trentzsch, Karl Christian Otto: Der Soldat und der 20. Juli. Darmstadt 1956

Wette, Wolfram: Die Bundeswehr im Banne des Vorbildes Wehrmacht, in: Detlef Bald u.a. (Hrsg.): Mythos Wehrmacht. Nachkriegsdebatten und Traditionspflege, Berlin 2001, S. 66-115

Wiggershaus, Norbert: Zur Bedeutung und Nachwirkung des militärischen Widerstandes in der Bundesrepublik Deutschland und in der Bundeswehr, in: Der Militärische Widerstand gegen Hitler und das NS-Regime 1933 – 1945. Hrsg. vom Militärgeschichtlichen Forschungsamt. Herford, Bonn 1984, S. 207-233

3. Quellen:

Die Quellen liegen weitestgehend im Baudissin-Nachlass im Baudissin-Dokumentation-Zentrum (BDZ) an der Führungsakademie der Bundeswehr. Für die Zeit bis 1981 sind sie bereits bibliographisch veröffentlicht aufgenommen – s. in: ders.: Nie wieder Sieg! Programmatische Schriften 1951 – 1981. Hersg. von Cornelia Bührle und Claus von Rosen. München 1982, S. 272-312. Sie werden verkürzt nach der Zählweise in dieser Bibliographie zitiert, z. B. 56,1 für das 1. Dokument im Jahr 1956.

Dort nicht aufgenommene Quellen werden verkürzt mit der Jahreszahl zitiert. Die sechsstelligen Nummern sind ebenfalls Findbuchnummern des BDZ. Hervorgehoben sind die Texte, die in dieser Schrift veröffentlicht werden.

1947   Wolf Graf von Baudissin: Ost oder West. Gedanken zur deutsch-europäischen Schicksalsfrage. MS Tatura im Winter 1946 mit Ergänzungen 1947, hier besonders Abschn. 3.12

51,5   Diskussionsbeitrag bei ‚Soldatentagung' an der Evangelischen Akademie Hermannsburg 3.-6.12.1951

52,2   Unterricht über Innere Führung in den Auswahl- und Überholungslehrgängen, s.a. Baudissin 1969, S. 225

52,9 Fragen betreffend die geistigen Grundlagen einer europäischen Wehrmacht, s.a. Baudissin 1969, S. 229ff.

52,10 Probleme der Kriegsdienstverweigerung, Vortrag v. 5. – 7.12.1952; s. S. 24-27 des Protokolls der Ev. Akademie von Hessen-Nassau zu: Gewalt und Gewaltlosigkeit

52,11 Gesichtspunkte zur Frage des Rechtes auf Kriegsdienstverweigerung, s.a. Baudissin 1982, S.41

53,2 Der Bürgersoldat

53,4 Europäische Verteidigung – eine christliche Verantwortung

53,7 Die innere Verfassung der neuen Streitkräfte

53,8 Begrüßungs-, Einleitungs- und Dankesworte auf der Gutachtertagung in Siegburg vom 28. und 29. April 1953, s.a. Baudissin 1969, S. 140-151

53,9 Bild des zukünftigen Soldaten

53,17 Beantwortung des Fragenkataloges des Deutschen Jugendringes an die Dienststelle Blank

53,26 Antwort auf eine Zuschrift des Herrn Günter Varges, Berlin, v. 18.12.1953 an die Wochenzeitung Deutsche Kommentare: Die Rechte der Soldaten

54,4 Die Frage nach den Grenzen des Gehorsams

54,6 Diskussion mit dem Bundesjugendring

54,9 Verantwortung und Gehorsam

54,16 Bewusste Bindung an den Staat

54,21 Der Staatsbürger in Uniform – Das Leitbild des künftigen Soldaten, s.a. Baudissin 1969, S. 209-222

55,2 Reform oder Restauration im Programm der deutschen Wiederbewaffnung

56,1 Soldatische Tradition und ihre Bedeutung in der Gegenwart, s.a. Baudissin 1969, S 79-86

56,8 Situation und Leitbild: Staatsbürger in Uniform. in: BMVtdg – Fü B I 6 (Hrsg.): Handbuch Innere Führung. Hilfen zur Klärung der Begriffe. Bonn 1957, S. 15-46

56,11	**Gedanken am 20. Juli. S.a. mit Ergänzung, in: BMVtdg – Fü B I 6 (Hrsg.): Handbuch Innere Führung. Hilfen zur Klärung der Begriffe. Bonn 1957, S. 79-88**
56,16	Vereidigung der Unterabteilung: am liebsten am 20. Juli
56,17	Aufgaben und Bedeutung der Inneren Führung
57,5	Die Bedeutung der Reformen aus der Zeit deutscher Erhebung für die Gegenwart
58,7	Ansprache zur Vereidigung
58,8	Volkstrauertag
59,5	**Zusatz des Brigadekommandeurs zum Aufruf des Generalinspekteurs der Bundeswehr zum 20. Juli**
59,6	**Zum 20. Juli 1959**
59,10	Ansprache am Volkstrauertag 1959
60,6	Tradition als Aufgabe, in: Freiheit und Recht Nr. 4/1962, Jg. 8, S. 1-6
60,7	**Zum 20. Juli 1960 / 20. Juli ist ein Symbol, s.a. Baudissin 1969, S. 95ff.**
60,11	Volkstrauertag 1960
61,7	**Aufstand gegen Gewaltsystem, Antwort auf einen Leserbrief, in: Junge Stimme vom 8.7.1961**
62,3	**Gedenkrede zum 20. Juli 1944 vor den Offizieren und Unteroffizieren von AFCENT und LANDCENT**
63,3	Opening Address NDC
64,6	Über den unbedingten Gehorsam, s.a. Baudissin 1969, S. 175ff.
64,7	**Vorwort, zu: Heinrich Fraenkel und Roger Manvell: Der 20. Juli. Berlin, Frankfurt, Wien 1964, S. 7-11**
64,11	**Zum 20 Juli 1944, Festrede in der Bonner Beethovenhalle / Soldaten dienen ohne Prestige, s.a. Baudissin 1969, S. 102ff.**
65,2	Innere Führung. Der Versuch einer Reform, s.a. Baudissin 1969, S. 117ff.
65,8	Setzt die Reform sich durch

66,1	Der alte Kasernenhof ist tot
67,6	**Nationalbewusstsein in der Welt von heute, München**
68,6	Gedanken über die Tradition – Zum Beispiel die Tapferkeit, s.a. Baudissin 1969, S. 109ff.
68,7	Im Dialog
68,8	Der Beitrag des Soldaten zum Dienst am Frieden, s.a. Baudissin 1969, S. 27ff.
69,21	Die Offizierschule der Bundeswehr
69,26	Restaurative Trends in der Bundeswehr
69,28	**Befehlen und Gehorchen / Befehl und Gehorsam, Beitrag im NDR Kultur 1. Programm am 20. Juli 1969**
69,37	Staatsbürger in Uniform 1970
70,26	Vortrag beim Treffen des Semper-Talis-Kreises
71,18	Staatsbürger in Uniform und Innere Führung
1972	Brief an den Herrn Verteidigungsminister Helmut Schmidt. – 809127
72,27	Volkstrauertag 1972 s.a. Baudissin 1982, S. 183f.
72,29	Entfremdung von der Truppe
74,3	Staatsbürger in Uniform – Ein Versuch in der Bundesrepublik Deutschland. In: Pitt Severin (Hrsg.): 25 Jahre Bundesrepublik. Wandel und Bewährung einer Demokratie. Ein politisches Lesebuch. Wien, München, Zürich 1974, S. 121-124
74,21	**Über den Eid – Zum 20. Juli 1974/ Der Widerstand vom 20. Juli. Sendung im Bayerischen Rundfunk, II. Programm am 19. 7. 1974**
76,29	Zum Fall „Krupinski – Franke", Interview für die Stuttgarter Zeitung, v. 9.11.1976
76,34	Tradition und Bundeswehr
77,3	Gedanken zur Tradition, v. 26.7.1978. in: Klaus-M. Kodalle (Hrsg.): Tradition als Last? Legitimationsprobleme der Bundeswehr. Köln 1981, S. 189-193
77,46	Die Vorfälle an der Bundeswehrhochschule

78,2	Buchbesprechung zu Nicholas Reynold: LUDWIG BECK. Gehorsam und Widerstand. Wiesbaden München, 1977 / Beck. Widerstand aus Gehorsam
78,4	Innere Führung in der Bundeswehr
78,26	Überlegungen zur Inneren Führung
79, 5	Rede auf die Republik
80,23	Probleme der feierlichen Verpflichtung
80,50	25 Jahre Bundeswehr. Beitrag für die Studentenzeitschrift ‚Druck', HSBw Hamburg v. 22.10.1980
80,55	Sehr geehrter Herr … , Beitrag für das Allgemeinde Sonntagsblatt, v. 24.11.1980
81,2	Stellungnahme zu Traditionsverständnis und Traditionspflege in der Bundeswehr, v. 5.1.1981
81,6	Stellungnahme zum Entwurf der Kommission Sicherheitspolitik zum Problem Gelöbnis und Traditionspflege, v. 2.2.1981
81,13	Soldat und Gesellschaft. Beiträge zur Diskussionsveranstaltung des Bundesministers der Verteidigung mit Soldaten und Vertretern gesellschaftlicher Gruppen, Bonn am 23./24.4.1981
81,46	Vortrag im Rahmen der Hamburger Universitätstage, 16.-17. November 1981; MS vom 14.9.1981
1982	Interview für den Süddeutschen Rundfunk, v. 27.5.1982. – 804101 – 120027
1982	Die Bundeswehr. – 134022
1983	Zum 30.1.1933. – 132019

1983/1984 Bemerkungen zum Aufruf der Heilbronner Bewegung vom Dezember 1983 (MS vom 2. Februar 1984 mit Überarbeitung) – 126010; veröffentlicht in: Franz Borkenhagen (Hrsg.): „Wehrkraftzersetzung". Offiziere äußern sich zur Heilbronner Erklärung. Reinbek 1984, S. 15-24: Eine Wiederauflage der Reichswehr sollten wir uns ersparen. – 121010 – 126010

1984	**Zum Widerstand / Ohne den Widerstand wäre der Neubeginn unmöglich gewesen. In. Frankfurter Rundschau vom 19.7.1984 Nr. 166, S. 15. S.a. in: Helmstedter Beiträge: Widerstand und Opposition in Deutschland. Helmstedt 1985, S. 3-12. – 126005 – 804204**
1985	30 Jahre Bundeswehr – Licht und Schatten. – 146038
1986	Baudissin, Wolf Graf v.: Abschiedsvorlesung an der Universität der Bundeswehr Hamburg am 18. Juni 1986 (MS); s.a. Abschiedsvorlesung von 18.6.1986, in: ders. …als wären wir nie getrennt gewesen, S. 258ff.
1988	Bemerkungen zur Inneren Führung. – 178006
1988	Rührt Euch – Befehl und Gehorsam. – 128002
1989	Innere Führung heute – zur Standortbestimmung der Bundeswehr. In: Hildegard Hamm-Brücher u.a. (Hrsg.): Die aufgeklärte Republik. Eine Kritische Bilanz. München 1989, S.243-253. – 106001– 109001 – 146037
1989	Brief an Generalmajor Werner v. Scheven zu dessen Rede zum 50. Todestag von Generaloberst Werner Frhr. v. Fritsch. – 179002 – 179005
1990	Kriegszeit – Lebensberichte. – 109008
1990	Zum Widerstand, Beitrag im RIAS vom 20.7.1990; handschriftliche Stichworte, vergleichbar mit 1984. – 181007.
1990	Notiz: Tradition. – 146056
1990	Wir müssen unsere Feindbilder. – 156003
1990	Soldat nicht gleich Soldat. – 182019
1991	Unbildung als Hauptursache des Unfriedens. – 156002
1991	Innere Führung. – 147005
1991	Bemerkungen zur Inneren Führung. – 181001
1992	Nayhaus, Mainhardt Graf von im Interview mit Graf Baudissin zum Thema IR9 und der Widerstand. – 182005 – eingeflossen in dessen Buch: Zwischen Gehorsam und Gewissen. Richard von Weizsäcker und das Infanterie-Regiment 9. Bergisch Gladbach 1994

Carola Hartmann Miles-Verlag

Politik, Gesellschaft, Militär

Rüdiger Schönrade, *General Joachim von Stülpnagel und die Politik,* Berlin 2007.

Uwe Hartmann, *Innere Führung. Erfolge und Defizite der Führungsphilosophie für die Bundeswehr,* Berlin 2007.

Peter Heinze, *Bundeswehr „erobert" Deutschlands Osten,* Berlin 2010.

Reinhard Schneider, *Neuste Nachrichten aus unseren Kolonien. Pressemeldungen von den Aufständen in Deutsch-Ostafrika und Deutsch-Südwestafrika 1905-1906,* Berlin 2010.

Dieter E. Kilian, *Politik und Militär in Deutschland. Die Bundespräsidenten und Bundeskanzler und ihre Beziehung zu Soldatentum und Bundeswehr,* Berlin 2011.

Hans Joachim Reeb, *Sicherheitskultur als kommunikative und pädagogische Herausforderung – Der Umgang in Politik, Medien und Gesellschaft,* Berlin 2011.

Reiner Pommerin (ed.), *Clausewitz goes global. Carl von Clausewitz in the 21st Century, Berlin 2011.*

Hans-Christian Beck, Christian Singer (Hrsg.), *Entscheiden – Führen – Verantworten. Soldatsein im 21. Jahrhundert,* Berlin 2011.

Dieter E. Kilian, *Adenauers vergessener Retter – Major Fritz Schliebusch,* Berlin 2011.

Ingo Pfeiffer, *Gegner wider Willen. Konfrontation von Volksmarine und Bundesmarine auf See,* Berlin 2012.

Eberhard Birk, Heiner Möllers, Wolfgang Schmidt (Hrsg.), *Die Luftwaffe zwischen Politik und Technik. Schriften zur Geschichte der Deutschen Luftwaffe, Bd. 2,* Berlin 2012.

Eberhard Birk, Winfried Heinemann, Sven Lange (Hrsg.), *Tradition für die Bundeswehr. Neue Aspekte einer alten Debatte,* Berlin 2012.

Holger Müller, *Clausewitz' Verständnis von Strategie im Spiegel der Spieltheorie,* Berlin 2012.

Dieter E. Kilian, *Kai-Uwe von Hassel und seine Familie. Zwischen Ostsee und Ostafrika. Militär-biographisches Mosaik,* Berlin 2013.

Angelika Dörfler-Dierken, *Führung in der Bundeswehr,* Berlin 2013.

Peter Heinze, *Berliner Militärgeschichten,* Berlin 2013.

Cornelia Fedtke, Kai-Uwe Hellmann, Jan Hörmann, *Migration und Militär. Zur Integration deutscher Soldaten mit Migrationshintergrund in der Bundeswehr,* Berlin 2013.

Torsten Konopka, *Afrikanische Wehrsysteme und ihre Entwicklung zwischen 1990/91 und 2011,* Berlin 2014.

Ingo Pfeiffer, *Seestreitkräfte der DDR,* Berlin 2014.

Wolf Graf von Baudissin, *Grundwert Frieden in Politik – Strategie – Führung von Streitkräften,* hrsg. von Claus von Rosen, Berlin 2014.

Reihe: Jahrbuch Innere Führung

Uwe Hartmann, Claus von Rosen, Christian Walther (Hrsg.), *Jahrbuch Innere Führung 2009. Die Rückkehr des Soldatischen,* Eschede 2009.

Helmut R. Hammerich, Uwe Hartmann, Claus von Rosen (Hrsg.), *Jahrbuch Innere Führung 2010. Die Grenzen des Militärischen,* Berlin 2010.

Uwe Hartmann, Claus von Rosen, Christian Walther (Hrsg.), *Jahrbuch Innere Führung 2011. Ethik als geistige Rüstung für Soldaten,* Berlin 2011.

Uwe Hartmann, Claus von Rosen, Christian Walther (Hrsg.), *Jahrbuch Innere Führung 2012. Der Soldatenberuf zwischen gesellschaftlicher Integration und suis generis-Ansprüchen,* Berlin 2012.

Uwe Hartmann, Claus von Rosen (Hrsg.), *Jahrbuch Innere Führung 2013. Wissenschaften und ihre Relevanz für die Bundeswehr als Armee im Einsatz,* Berlin 2013.

Einsatzerfahrungen

Kay Kuhlen, *Um des lieben Friedens willen. Als Peacekeeper im Kosovo,* Eschede 2009.

Sascha Brinkmann, Joachim Hoppe (Hrsg.), *Generation Einsatz, Fallschirmjäger berichten ihre Erfahrungen aus Afghanistan*, Berlin 2010.

Schwitalla, Artur, *Afghanistan, jetzt weiß ich erst… Gedanken aus meiner Zeit als Kommandeur des Provincial Reconstruction Team FEYZABAD*, Berlin 2010.

Heinz Dietrich Minkewitz, *Aus dem Tagebuch eines Nachrichtensoldaten. Mit dem Panzer-Pionierbataillon auf den Schauplätzen des Krieges*, Berlin 2014.

Erinnerungen

Blue Braun, *Erinnerungen an die Marine 1956-1996*, Berlin 2012.

Harald Volkmar Schlieder, *Kommando zurück!*, Berlin 2012.

Harald Volkmar Schlieder, *Opa Willy. 1891 Dresden – 1958 Miltenberg. Von einem, der aufsteigen wollte. Eine sächsisch-deutsche Lebensgeschichte in Frieden und Krieg*, Berlin 2012.

Harald Volkmar Schlieder, *Mein Vater – Musiker und Offizier. 1918 Dresden – 1998 Miltenberg*, Berlin 2013.

Reinhart Lunderstädt, *Aus dem Leben eines Hochschullehrers. Persönlicher Bericht*, Berlin 2012.

Wulf Beeck, *Mit Überschall durch den Kalten Krieg. Mein Leben für die Marine*, Berlin 2013.

Jan Becker, *Aufgewühltes Wasser. 3 Bde.*, Berlin 2014.

Romane

Christoph Karich, *Bewährung im Grünen Meer*, Berlin 2009.

Robert B. Thiele, *Die Treuhänderin*, Berlin 2012 (2013 als Paperback unter dem Titel „Der General" neu erschienen).

Neue Reihe: Standpunkte und Orientierungen

Daniel Giese, *Militärische Führung im Internetzeitalter – Die Bedeutung von Strategischer Kommunikation und Social Media für Entscheidungsprozesse, Organisationsstrukturen und Führerausbildung in der Bundeswehr*, Berlin 2014.